차 한 잔으로 떠나는
작명 여행

차 한 잔으로 떠나는 작명 여행

동우 김성문 지음

좋은땅

이름에는 자신의 의지대로 태어나지 못한 인간의 운명(運命)을 의도적으로 조절하여 바꾸는 기능이 있어, 흔히들 이름을 후천운(後天運)의 시작이라고도 합니다.

보조적이라고는 하지만 이름이라고 하는, 단지 세 자 정도의 글자가 어떻게 선천운(先天運)이라고도 하는 운명의 큰 줄기에 작용하여 후천운에 관여할 수 있는 것일까요?

그것은 바로 이름에서 발생하는 영동력(靈動力) 때문입니다.

이름이 불리면서 나타나는 소리의 힘(音力), 사용되면서 발생하는 문자의 힘(字力), 그리고 자획(字劃)에서 얻어지는 수리(數理)의 힘(數力), 이세 가지가 모여서 발생하는 영동력은 눈에는 보이지 않지만 사람의 성장과정에 작용하고, 환경에 작용하고 자연히 생활의 흐름에까지 작용하게 됩니다. 그리하여 하나의 인격체를 만들면서 서서히 그 사람의 삶과 일체가 되어 갑니다.

공기(空氣) 중에 있는 기체(氣體)인 바람, 전류(電流), 소리(音聲) 같은 것은 눈에는 보이지 않으나 어떤 충격을 받으면 그 소리와 형체가 보이기도 합니다.

이름이 불리거나 이름을 부를 때 나타나는 소리는 분명 그 사람의 존재를 확인하고 인식(認識)시켜 줍니다. 어떤 뜻을 가지고 있는 소리와 수리(數理)들은 발성(發聲)으로 공기 중에 퍼지면서, 그 사람 개인의 사주명식(四柱命式)과 어울려 그 사람의 인품을 만들고, 삶을 만들고 또 그 사람만의 정서(情緒)를 만들면서 운명(運命)에 작용합니다.

똑같은 이름을 가지고 있어도 전혀 다른 삶을 살아가는 경우를 우리는 종종 보는데, 그것은 사주와 환경 또는 사주와 성명(姓名)과의 관계에서 나타나는 현상(現像) 때문이기도 합니다.

동양철학의 세계관에서 삶을 영위할 수밖에 없었던 옛날 우리 선조들은, 작명(作名)을 할 때면 꼭 사주(四柱)를 보고 사주에 없는 오행(五行)의 글자를 사용하여 사주명식(命式)과 조화를 맞추는 것을 제일 우선시하였습니다.

중화(中和)를 중시하는 사주는 오행(五行)이 고르게 분포되어 있는 것을 좋은 사주로 봅니다. 설령 나쁜 운(運)이 오더라도 오행 서로가 보완해 주므로 큰 피해 없이 지나가게 되기 때문입니다. 이것은 주위에 극(剋)하는 기운이 있어도 생(生)하는 기운이 있다면, 극함을 잊어버리는 오행의 탐생망극(貪生忘剋) 하려는 생리 때문인데, 이것을 이용하는 것이 바로 부족한 오행을 보충하여 이름에서 오행을 보완하는 방법입니다.

그러나 지금의 세상은 과거에 선조들이 사주를 논하는 시대와 달리 하루가 다르게 빠르게 변화하면서 전혀 다른 시대상을 보여 주고 있습니다. 사농공상(士農工商)의 사회상은 벌써 사라진 지 오래되었고, 옛날과 달리

지금은 수많은 직업(職業)으로 세분화되어, 나름대로 현대의 시대상에 맞는 자신의 개성과 특징을 살린 삶을 살아가고 있습니다. 또 사회 전반에 흐르는 가치관과 매사를 보는 인식(認識)의 범주가 옛날과는 확연히 달라진 지금의 시대입니다.

변화된 시대를 사는 현대인의 사주(四柱)를 오행이 하나도 빠짐없이 완전히 구전(俱全)된, 단지 상생으로만 이루어진 단순한 사주만으로는 빠른 속도로 변해 가고 있는 현대를 감당하기에는 역부족입니다.

또 오행(五行)을 충족하다 보면 없는 사주명식을 보충한다고 이미 좋은 사주를 오히려 망치는 결과가 될 때도 있습니다.

옛날에는 여성에게는 절대 금기(禁忌)로 여기던 도화살(桃花殺)이나 상관성(傷官星)만 하더라도, 여성들의 활동이 자유로워진 지금은 오히려 유무(有無) 여부와 강약(强弱)에 따라 예체능인(藝體能人)의 성공의 필수 잣대가 되어 버렸습니다.

따라서 사주를 보는 기준도 옛날과는 확연히 달라졌는데, 아직도 구태(舊態)의 이론에 치중하여 빠르게 변화하고 있는 현실을 무시한다면, 항상 변화하는 역(易)의 의미에서 볼 때도 바른 자세라고 볼 수 없습니다.

이름 또한 시대를 따라 변화를 하고 유행을 합니다. 지나치게 역술의 이론에만 치중(置重)하고 변화하는 시대상을 반영하지 못한다면, 제아무리 좋은 글자로 지어진 이름이라 하더라도 좋은 작명이라 할 수 없습니다.

역술에 대한 해박한 지식이 없더라도 사주의 기본 구성과 그 사주에서 의미하는 중심오행의 성질을 간단히 이해하고, 이 책에 나오는 성명학의 이론을 참고한다면 누구나 좋은 이름을 스스로 지을 수 있습니다. 한문에 대한 특별한 지식도 필요 없고, 또한 한글 이름이든 영어 이름이든 이 책의 이론을 참고한다면 좋은 이름을 지을 수 있습니다.

　결국 불리는 이름이 그 사람의 이미지와 맞지 않고 인품(人品)과 맞지 않는다면, 마치 몸에 옷이 맞지 않아서 어색한 것처럼 평생 아쉬움을 남길 수도 있습니다.

　아무쪼록 이 책을 참고하여 누구나 부르기 쉽고 좋은 이름을 지으시기를 간구합니다.

목차

제1장

이름(姓名)과
운명(運命)의 관계

① 이름과 운명

창세기에 보면 하나님이 아브람의 이름을 아브라함으로 지어 주시면서 내가 너를 여러 민족의 아버지가 되게 함이라 하셨고, 또 그의 아내 사래를 사라라고 부르게 하시고 "여러 민족의 어머니가 되게 하리니 민족의 여러 왕이 그에게서 나리라"고 하셨다.

또 동양의 성인(聖人)이신 공자(孔子) 님은 "명(名)은 체(體)를 대표하니 이름은 바르고 좋아야 한다(必正名)"라고 하셨다.

그리고 일본 헤이안(平安) 시대 진언종(眞言宗)의 종조(宗祖)이신 홍법대사(弘法大師)는 "이름은 체(體)를 개척(開拓)한다"라고 하셨다.

이렇게 동서양의 성인들은 사람의 이름에 특별한 관심을 가지면서, 사람의 이름이 운명과 밀접한 관계를 가지고 있음을 암시하고 있는데, 그렇다면 과연 어떤 글자를 사용해서 작명을 하여야 길한 운명을 만들 수 있는 좋은 이름이 되는 것일까?

일찍이 동양 문화권에서 살아온 우리는 한자를 사용하여 이름을 짓고자(字)와 호(號)를 가지면서 생활해 왔다.

물론 한글 이름을 사용한 기록도 있고 또 현재도 한글 이름을 사용하는 경우도 있지만, 뜻이 중복되기도 하고 이름으로 쓸 수 있는 어휘가 한정되어 있기 때문에 아직도 많은 사람들이 한자 이름을 사용하고 있다.

표의문자(表意文字)인 한자(漢字)는 대략 4,500년 전 중국의 황제(黃帝)시대의 대학자인 창힐(蒼詰)이 그 이전에 쓰이고 있었던 모든 문자를 상형(象形), 지사(指事), 회의(會意), 형성(形聲), 전주(轉注), 가차(假借)라고 하는 소위 육의(六儀)의 법칙에 의해 통일, 완성시킨 문자라고 알려

차 한 잔으로 떠나는 작명 여행

져 있다.

그러나 일부 학자는 창(蒼, 倉)의 의미가 창립하다, 창업하다의 의미가 있고 힐(詰)이 긁어모은다는 의미가 있으므로 창힐이 사람 이름이 아니고 단어 자체의 뜻대로, 그 전에 사용되었던 모든 문자를 긁어모아 통일, 정리했다는 정도의 의미로 보기도 한다.

동양 문화 전반의 기본이 되는 음양오행설(陰陽五行說)이 수천 년 전인 삼황(三皇: 伏羲, 神農, 燧人)의 복희씨(伏羲氏)의 시대에 만들어진 것을 보면, 역(易)의 형성 과정에서 한자(漢字)가 만들어졌는지, 한자의 생성 과정에서 역이 만들어졌는지는 몰라도, 아무튼 한자는 역학(易學)과는 떼려야 뗄 수 없는 관계로, 사람들의 운명과 밀접한 연관(聯關)을 가지면서 오늘날 까지 명맥을 뚜렷하게 이어 오고 있음에 틀림이 없다.

음양오행(陰陽五行)이 바탕이 되는 사주팔자(四柱八字)가 본인의 의지와는 아무런 관련이 없는 숙명적인 선천 운명을 암시한다면, 태어나서 인위적으로 만들어지는 한자(漢字)나 혹은 한글로 되는 사람의 이름은, 그 사람의 후천 운명을 좌우하는 잣대로써 그 소임이 분담이 된다.

따라서 한자와 역술(易術)에 대한 이해 없이 단지 한문(漢文)에 능하다고, 또는 단지 역술(易術)에 능하다고 함부로 이름을 짓는 일은 좀 무리한 생각이 아닐까?

선천운(先天運)을 암시하며 조후(調喉)와 중화(中和)를 중시하는 사주팔자를 정확히 보고, 그 사주에 맞는 이름을 짓는 것이 선천운을 보완하고 후천운을 개발, 선도할 수 있는 좋은 작명법이다.

태어난 생년월일시에 의해 구성되는 사주팔자(四柱八字)는 자신의 의지와는 전혀 관계없이 선천적으로 자신이 받게 되는 운명이다.

그러나 태어나서 만들어져 불리는 이름은 운명과는 관계없이 인위적으로 만들어지는데 후천운(後天運)과 밀접한 관계가 있다.

물론 이름 하나로써 사주팔자에 나오는 선천운 자체를 완전히 바꿀 수는 없다. 그러나 적어도 나쁜 운이 왔을 때 이름이 사주에 맞으면, 최소한의 피해로써 비켜 갈 수 있다. 또한 좋은 운이 왔을 때는 더욱 좋게 하는 계기를 만들 수도 있다.

동양철학의 관점에서 사주를 신체(身體)로 본다면 이름은 그에 맞는 의복에 비유된다.

그 몸에 어울리는 의복을 입는다는 것은 사회의 구성원으로서 살아가야 하는 우리 인간에게는 인품(人品)을 보여 주는 첫 번째 척도(尺度)로서 아주 중요하다.

또한 맨몸으로 태어난 사람으로서, 이름을 가진다는 것은 인간 생활의 첫 시작이 되는 매우 중요한 의식(儀式)이기도 하다.

일반적인 보통의 사주로 태어났는데 이름자를 너무 뜻이 크고 심오한 글자로 짓는다면, 몸에 맞지 않는 큰 옷을 입은 것처럼 어울리지가 않아 좋지 않다.

또한 정서적으로 부드러운 사주로 태어났는데도 너무 강한 이름을 사용한다면, 그 사람의 운명과 너무 달라서 사주와 운이 따로따로 놀 수가 있다.

따라서 사주에 어울리는 글자를 취용(取用)하여 이름을 짓는 것이, 인간의 의지로 조율(調律)할 수 있는 후천 운명의 시작점이 된다고 할 수 있다.

물론 사주에 어울리는 글자를 취용하여 이론적으로는 적당한 작명을 하였다고 해도, 이름은 역시 불리는 것이므로 뜻과 수리(數理)는 물론, 불리는 소리에 반드시 주의를 해야 한다.

신(神)은 인간에게 무조건 복종해야 하는 운명만 준 것이 아니라, 스스로 개척하고 정진할 수 있는 기회도 같이 주었다.

따라서 그것을 아무렇지도 않게 생각하여, 그냥 즉흥적인 이름이나 대충 적당한 이름을 지어 부르는 것은 삼가야 한다.

따라서 사주의 정서(情緒)에 맞는 글자를 취용하여 작명하는 것이 인간이 만드는 최초의 후천운의 시작이 되므로 상당한 주의를 요한다.

② 작명의 요령

① 이름의 개수와 이름자 고르기

이름은 사주와 어느 정도 부합(附合)이 되어야 하며 한 개를 지어서 사용함이 원칙이다. 아호(雅號)는 세월이 흐르면서 변화하는 인생관에 따라서 2개, 3개, 또는 수십 개를 지어도 무방하나, 이름은 만약 개명(改名)을 한다면 전의 이름은 없애고 새로 지은 이름 한 개를 사용함을 원칙으로 한다.

또한 이름은 부르기 쉬워야 하는데, 너무 어려운 글자나 발음상 두 가지로 들을 수 있는 경우나 애매하게 들리는 글자, 또는 혐오감을 느낄 수 있는 글자는 피해야 한다. 특히 뜻이 좋고 부르기는 좋으나 잘 쓰지 않는, 획이 복잡하고 생소한 한자(漢字)는 쓰지 않음이 좋다.

② 뜻이 있는 이름

이름의 글자에는 분명한 뜻이 있어야 한다.

부르기 쉽다고 사주를 무시하고 철수, 영희 하는 식으로 일반적인 통칭 (通稱)의 이름으로 짓는 것은 삼간다.

③ 유명인 · 조상과 중복되지 않는 이름

유명한 역사상의 인물이나 조상 중에서 윗사람과 같은 이름은 가능한 삼간다.

단 사주와 부합되면 작명을 해도 무방하다.

④ 전체적으로 조화로운 이름

남자는 남자답고 여자는 여성스러운 이름을 짓는 것을 원칙으로 하고, 좋은 뜻이라도 불리는 소리에서 다른 뜻이 연상되는 이름은 삼간다.

예를 들어 장예식(張禮植), 하파자(河波子), 김치국(金治國), 손병신(孫 秉愼) 등의 이름은 글자 하나하나는 다 좋은 의미이지만, 이름으로 불렸 을 때는 전혀 다른 연상을 하게 된다.

글자도 중요하지만 전체적인 이미지를 좋게 살리는 이름이 좋은 이름 이다.

⑤ 소리를 고려한 이름

이름으로 불리는 청각미(聽覺味)도 고려하고 글자로 쓰이는 음절미(音 節味)도 고려한 작명을 원칙으로 한다.

ㅇ 발음, ㄴ 발음 등 같은 받침이 중복되어 부르기가 좀 답답한 경우라

든가, 성(姓)은 20획인데(嚴, 羅, 鮮于) 이름자는 2획, 3획으로 아주 적은 획수의 글자로 작명을 하면 음절미도 떨어지고 글자의 조화도 맞지 않는다.

획수에서도 조화롭고 발음에서도 조화로운 글자를 취용한다.(단, 예명(藝名)의 경우는 예외로 한다)

⑥ 분파 글자

가능하면 성과 이름의 전체가 좌우로 갈라지는 분파(分派) 글자로는 작명하지 않는다.

분파 글자는 相, 淑, 妙, 俊, 煥, 仲, 洪, 朴 등에서 볼 때 형태상 좌우로 갈라지는 한자를 말하는데, 80% 정도의 한자가 부수에서 파생되어 만들어졌기 때문에 대개가 좌우 아니면 아래, 위로 갈라지는 형태가 되는 것은 당연하다. 그래서 분파 글자의 이론을 아예 무시하는 학자도 많은 것이 사실이다.

분파(分破)라는 의미는 쪼개서 갈라지니 아주 좋은 의미라고는 할 수 없다. 그러나 아주 나쁜 의미만으로도 볼 수는 없다. 사업이 확장되면 지점이 생기고 여러 갈래로 나누어져 분산, 확장되는 의미도 생각할 수 있으니, 아예 딱 잘라 분파 글자라서 나쁘다는 이론은 한 번 생각해 볼 문제이다.

또한 애초에 한문 글자에 분파니 종파니 횡파니 하는 말은 없었으니, 분파 글자의 개념 자체도 사실은 설득력이 없다.

따라서 자신의 주장을 정립하여 사용 여부를 결정하기 바란다.

⑦ 오행을 고려한 이름

한글오행, 삼원오행으로 볼 때 이름자 전체가 목, 목, 목이나 화, 화, 화, 금, 금, 금과 같이 단일 오행으로 만들어지는 글자는 삼간다.

또한 수리오행으로도 전부 같은 오행의 배치(配置)는 취하지 않음이 좋다.

⑧ 수리론을 고려한 이름

81 영동수(靈動數)를 기본 이론으로 하는 수리론(數理論)은 지금까지는, 작명에서 대체적으로 무시할 수 없는 이론으로 많은 작명가들이 사용하고 있는데, 근거는 좀 부족하지만 오랜 세월 경험에서 축적된 이론으로 중시함이 좋다.

⑨ 획수를 고려한 이름자 선정

수리는 결국 한자의 획수(劃數)가 기본이 되어 만들어지는데 획수를 세는 방법에는 몇 가지가 있다.

우리가 그냥 한자를 쓸 때 적용하는 필획법(筆劃法)과 자전(字典)에 나와 있는 획수대로 사용하는 원획법(元劃法), 그리고 획의 방향이 바뀔 때마다 한 획으로 보는 곡획법(曲劃法)의 3가지인데, 현재 많은 사람들이 원획법을 주로 사용하고 있다. (口는 원획이나 필획으로 보아도 3획인데 곡획법으로는 4획이 된다)

원획법과 필획법의 차이는 부수(部數)의 획수 차이에 있는데 원획이 필획보다 많다.

원래의 획수가 한자 본래의 모습이니 원획법을 사용함이 타당한 듯하지만, 현재 사용되고 있는 획수 또한 현실이니 필획법 또한 전혀 무시할 수가 없다.

따라서 원획법이든 필획법이든 어떤 것이라도, 자신만의 한 가지 기준을 세워 일관되게 작명해야 한다.

즉 하나의 이름자를 선정함에 한 글자는 원획법의 획수를 적용하고, 또 한 글자는 필획법을 적용하여 수리(數理)를 적용시키는 방법은 삼가야 한다.

피휘법(避諱法)

지금도 누가 자신의 아버지나 어머니의 이름을 물을 때면 바로 이름을 말하는 것이 큰 죄가 되는 듯하여, 아주 조심스럽게 "무슨 자, 무슨 자이십니다" 식으로 한 자, 한 자 뛰어서 말하는 경우를 많이 보게 된다.

이것은 옛날부터 내려오는 우리의 전통적인 언어 풍습(風習)이다. 우리의 선조들은 친구지간에도 서로 이름을 부르지 않고 자(字)나 호(號)를 부르면서 이름 부르는 것을 꺼려했는데, 하물며 윗사람의 이름을 감히 부르는 것은 상상도 하지 못할 일이었다.

이것은 전통적으로 내려온 우리의 언어 풍습인 피휘법(避諱法) 때문이다. 휘(諱)에는 숨긴다, 꺼린다, 조상의 이름자에 들어간 글자 등의 의미가 있다. 즉 피휘법이란 높은 사람의 이름이나 성인이나 존경받는 사람의 이름은, 부르는 것은 물론 자신의 이름으로도 쓸 수 없다는 관습(慣習)을 의미한다.

이 피휘법은 고려 광종 15년경쯤에 만들어졌는데, 이 법으로 인하여 개인의 이름이나 사원, 군, 현 등의 이름에는 절대로 임금의 이름자가 들어갈 수 없었다.

지금이야 이 피휘법이 없어졌지만 조선조까지 극성을 부리면서 내려온

이 풍습의 잔재(殘在)가 남아 작명을 할 때 꼭 할아버지나 아버지의 이름을 물어 같은 글자를 피하려고 한다.

반면 가까운 일본에서는 습명(襲名, 슈메이)이라 하여 이름을 자식이나 제자가 계승하여 그 분야에 매진하여 더욱 발전을 이룬 경우가 많다.

한 예로 정유재란(1598) 때 일본 싸츠마(薩摩)로 끌려간 심당길(沈當吉)의 경우 5대 심당길, 7대 심당길로 습명(襲名)하여, 도예가(陶藝家)로서 국내외로 명실상부한 일가(一家)를 이루었는데 지금은 12대 심수관(沈壽官, 1835~1906)부터 13대, 14대, 현재 15대까지 같은 이름인 심수관(沈壽官)을 사용하면서, 싸츠마 야키(薩摩窯, 沈壽官窯)라고 하는 세계적인 도자기 브랜드를 만들어 이름을 떨치고 있다.

일본뿐만 아니라 서양의 경우도 2세, 3세라는 구별로 부모, 자식 간에 같은 이름을 쓰는 유명인이 많은데, 같은 이름을 쓰는 것이 결코 나쁜 것이 아니라는 관점에서, 또한 같은 글자를 사용함으로써 조상의 소신과 전통을 더욱 계승, 발전시킬 수 있다는 점에서도 이 피휘법은 생활에서도 작명에서도 무시함이 타당하다.

또 현대 사회는 어느 분야에서라도 자신의 이름 세 글자를 알려야 크게 성공을 할 수 있는데, 정확히 부모님의 이름을 말한다고 해서 언어 예절에서 벗어나는 것이 절대 아니다.

또 작명할 때 가능하면 부모의 이름자를 한자라도 쓰지 않는 것이, 지금까지의 관습에서 볼 때 좋은 듯 보이지만 설령 부모의 이름자가 한 자씩 들어간다고 해도, 크기나 서열을 나타내는 글자가 아니라면 절대 나쁜 작명이 아니다.

제2장

사주(四柱)의 이해

① 음양오행론(陰陽五行論)

사람도 남자, 여자가 있듯이 세상 만물도 음(陰)과 양(陽)으로 이루어져 있다는 동양철학의 기본 이론으로 양(陽)은 기(氣)를 말하고 음(陰)은 질(質)을 말한다.

기는 가볍고 형체가 없으며 질은 무겁고 형체가 있다. 또 활동적이고 적극적인 것은 양이고 소극적이고 정적(靜的)인 것은 음, 밝은 것은 양, 어두운 것은 음으로 삼라만상(參羅萬像) 어떤 것도 음과 양으로 대별(對別)되지 않는 것이 없다.

크게 음양으로 구분된 만물은 다시 목, 화, 토, 금, 수라고 하는 5가지의 구성요소를 가지는데, 만물이 음양의 원리를 벗어날 수 없듯이 만물은 또 오행(五行)의 원리를 벗어날 수 없다. 따라서 오행에도 음과 양이 있다.

② 오행의 상생(相生)과 상극(相剋)

목은 화를 생하고, 화는 토를 생하고, 토는 금을 생하고, 금은 수를 생해서 다시 수는 목을 생한다. 목을 예로 들면, 목은 화에게 힘을 주어 화를 강하게 해 주고 자신은 힘을 약화시키는데 이러한 관계를 상생이라 한다.(목-화-토-금-수-목)

상극은 그와 반대의 경우이다. 목은 토를 극하므로 토에서 양분(養分)을 취해 강해지지만 토는 약해지고, 토는 수의 흐름을 막아 약해지고, 수는 불(화)을 끔으로써 약화시키고, 화는 금을 녹여서 약화시키고 다시 금

은 목을 잘라서 약화시킨다. 오행은 극함으로써 많은 에너지를 소비하게
되는데 극을 받는 쪽의 소모가 더 심하다. (목-토-수-화-금-목)

③ 천간(天干)

목, 화, 토, 금, 수의 오행을 음과 양으로 나누어 표시한 10개의 부호(甲,
乙, 丙, 丁, 戊, 己, 庚, 辛, 壬, 癸)를 말한다.

갑과 을은 목의 기운, 병과 정은 화의 기운, 무와 기는 토의 기운, 경신
은 금의 기운 그리고 임계는 수의 기운을 말하는데 하늘의 기운(氣運)을
의미한다.

천간(天干)은 하나만으로 독립하여 활동하지 않으며 항상 지지(地支)
를 동반하여 활동한다. (천간 자체의 성질과 일간(日干)이 되는 성품(性
品)을 대체적으로 논한 것이다)

① 甲

양목(陽木)으로서 큰 나무를 말하며 동량목(棟樑木)의 의미가 있다.

만물이 시생(始生)할 때에는 항상 그 껍질을 쪼개어 터트리고 나서야
세상에 나올 수가 있다. 따라서 시작의 의미가 있고 매사에 침착하고 통
솔력이 뛰어나며 자비심이 강하다.

간혹 일에 지나치게 몰두하여 저돌적(猪突的)일 때도 있다.

봄, 여름의 갑목은 계수(癸水)를 좋아하고, 가을, 겨울의 갑목은 경금
(庚金)을 좋아한다.

② 乙

만물이 시생하여 그 넝쿨을 뻗어 나갈 때는 乙자 모양으로 꼬부라져 나가는데, 을은 음목(陰木)으로서 꽃나무, 덩굴을 상징하며 온화하고 부드러운 성질로 주위에 많은 사람들이 모이고 호감을 받는다. 외유내강의 기질이 강하고 매사 열정적으로 추진하지만 진취적인 기상은 조금 부족하다.

하늘에서는 바람(風), 땅에서는 화초목(花草木)으로 비유된다.

③ 丙

만물을 환하고 밝게 정체(正體)를 출현시켜 주는 병화는 양화(陽火)로서 큰 불, 밝음, 태양의 의미로 감출 줄 모르고 대체적으로 솔직하며 타인에 대한 배려심이 강하다.

또 병화는 문명지상(文明之像)으로 사치성이 있고 친절하고 예의를 중시하지만, 격렬한 면이 있어 가끔 사소한 일로 오랜 친구와 절교(絶交)하기도 한다.

④ 丁

만물을 성물(成物)해 주는 역할을 하는 정화는 음화(陰火)로서 하늘에서는 별(星辰), 땅에서는 촛불, 작은 불 등을 뜻한다. 매사를 이성적(理性的)으로 처리하며 언행이 모나지 않아 타인과 친화력이 풍부하다. 또 정화는 만물의 정(情)을 의미하며 지순지고(至純至孤)한 면이 있다.

간혹 색정(色情)으로 인하여 정신과 몸을 상하기도 한다.

⑤ 戊

만물을 무성케 해 주는 역할을 하는 무토는 양토(陽土)로서 하늘에서는 구름과 안개 즉 운무(雲霧)에 해당되고, 땅에서는 산악(山岳)의 토, 제방토(隄防土)를 말하는데, 건조한 토로 적당한 수기(水氣)를 만나면 만물을 생육(生育)한다.

강건함이 지나쳐 타인과 자주 충돌하기도 하는데 한 가지 일에 몰두하는 노력이 필요하다.

⑥ 己

만물의 형상을 완전히 표기해 주는 역할을 하는 기토는, 음토(陰土)로 하늘에서는 구름의 기운(雲氣)에 비유되고, 땅에서는 전원토(田園土), 옥토(沃土)에 해당된다.

외관(外觀)은 평범하나 내면에는 깊은 지모(智謀)를 감추고 있어 타인이 쉽게 그 성정을 간파할 수가 없다.

수양(修養)이 잘되면 의외로 큰 인물이 많다.

⑦ 庚

경금은 양금(陽金)으로 하늘에서는 달(月)에 해당되고 땅에서는 순금(純金), 광산(鑛山), 광석(鑛石) 등 큰 쇠의 의미로 윤토(潤土)로부터 생을 받으면 양질(良質)의 금이 된다.

한 가지 일에 집중하지 못하고 수시로 변화를 모색하기 때문에 실패하기도 한다.

⑧ 辛

음금(陰金)으로 하늘에서는 상로(霜露) 즉 서리와 이슬에 비유되고 땅에서는 보석(寶石), 주옥(珠玉) 등에 해당되는데 물로 씻어야 광택이 난다. 겉으로는 대범한 듯 보여도 내면은 소심하며, 운영의 묘(妙)는 있으나 결단성이 부족하여 미리 걱정을 하여 안절부절못하므로 실패하기도 한다.

매사(每事)를 신중히 처리하는 것은 좋으나 시야(視野)를 크게 보는 감각이 필요하다.

⑨ 壬

양수(陽水)로 하늘에서는 상설(霜雪) 즉 서리와 눈으로 비유되고 땅에서는 큰 물로 바다, 강물에 해당된다. 덕성스럽고 원만한 성격으로 어떠한 경우에도 타인과의 조화를 이루어 내는 재능이 있다.

많은 사람들에게 존경을 받는 경우가 많고 태양처럼 빛남을 좋아한다.

임수는 호수(湖水)이니 신강(身强)해야만 귀명(貴命)이 많다.

⑩ 癸

계수는 음수(陰水)로 하늘에서는 단비(甘雨), 땅에서는 빗물, 이슬, 지하수 등에 해당되며 만물을 생육하는 근원이 된다.

사려 깊고 다양한 재능이 있어 매사에 추진력이 뛰어난데 간혹 독선적으로 흘러 상대와의 화합을 깨트리기도 한다.

임, 계수 일주(日柱)는 물의 흐르는 성질상 고향을 등지는 경우가 많다.

천간	오행	음양	속성	
갑	목	양	거목(巨木)	동량목(棟樑木)
을	목	음	소목(小木)	화초목(花草木)
병	화	양	태양(太陽)	대광명(大光明)
정	화	음	등촉(燈燭)	타는 불(生火)
무	토	양	거산(巨山)	산성토(山城土)
기	토	음	평야(平野)	전답토(田畓土)
경	금	양	큰쇠(大金)	광산금(鑛山金)
신	금	음	작은쇠(小金)	보석금(寶石金)
임	수	양	강물(江水)	대해수(大海水)
계	수	음	빗물(雨露)	생천수(生泉水)

지지(地支)

천간(天干)이 지지(地支)에서 발생한 싹이라면, 지지는 땅의 기운으로 싹을 피울 수 있는 뿌리가 된다.

싹과 뿌리가 일심동체이듯이 천간과 지지도 둘이 아닌 하나인 것이다.

천간이 태양의 변화각도(變化角度)에 의한 기상의 변화를 나타낸다면, 지지는 기상의 변화와 함께 동식물(動植物)의 성장주기를 표시하기도 한다.

지지는 계절(季節)과 방위(方位)를 의미하기도 하고 역시 천간과 마찬가지로 음양(陰陽)으로 구분되며 시각을 나타내는 단위이기도 하다.

그리고 누구에게나 해당되는 띠의 의미로 각각의 지지가 사용된다.

① 子

동물로는 쥐(鼠)를 상징하며 체(体)는 양수(陽水)이나 사용할 때는 음수(陰水)로 쓰는데, 많은 자손을 생산하는 쥐의 습성을 닮아 생명 탄생(誕生)의 의미가 있다.

땅속에서 싹이 막 피어오르려고 하는 상태를 말하는데, 직감력(直感力)이 뛰어나며 어떠한 경우에도 대처하는 능력이 탁월하다.

시각은 23시에서 01시 사이가 된다.

② 丑

음토(陰土)로 물건을 묶는다는 의미의 뉴(紐)에서 나왔다.

식물이 땅속에서 뿌리를 뻗는 형상을 나타내며 동물로는 소에 해당된다.

반추(反芻)하는 소의 특성 때문인지 사람의 경우에도 저축심이 강하고 부지런하여 부자(富者)가 많다.

시각은 01시에서 03시 사이가 된다.

③ 寅

양목(陽木)으로 동물로는 호랑이에 해당되며 잘 달리는 기질이 있어 역마살(驛馬煞)의 하나가 된다,

포획물(捕獲物)을 쉽게 놓치지 않는 호랑이의 습성을 닮아서일까, 사람의 경우에도 매사에 경솔하지 않고 신중하다.

시각은 03시에서 05시 사이가 된다.

차 한 잔으로 떠나는 작명 여행

④ 卯

음목(陰木)으로 양기를 머금은 지하의 싹이 땅 위로 막 나오려고 하는 상태를 의미하며 동물로는 토끼에 해당된다. 재빠르고 민감한 토끼의 습성처럼 직감력(直感力)이 뛰어나고 활동력도 강하다.

선두(先頭)보다는 차위(次位)와 인연이 깊고 장식품을 좋아하는 습성이 있다.

시각은 05시에서 07시 사이가 된다.

⑤ 辰

겨우내 헐벗었던 산의 초목들이 푸른빛을 더해 가는 3월, 멀리서 산을 보면 한 마리 용(龍)이 옆으로 누워 있는 형상과 닮았을까? 진(辰)을 상상 속의 동물(動物)인 용에 비유했다. 양토(陽土)에 해당된다.

자기주장이 강하고 자존심도 강하며 다소 거친 기질이 있지만 사회적으로 두령급(頭領級)의 사람이 많다.

시각은 07시에서 09시 사이가 된다.

⑥ 巳

체(体)는 음화(陰火)이지만 용(用)은 양화(陽火)로 쓰이는데 초여름의 불로서, 집념(執念)이 강한 특성이 있다.

동물로는 뱀에 비유되며 때로는 자신에 대한 상실감으로 나태해지기도 하지만, 시운(時運)에 따라 변신하는 능력이 탁월하다.

시각은 09시에서 11시 사이가 된다.

⑦ 午

꽃이 만발하고 동물들이 들판을 마음껏 뛰어노는 기분 좋은 계절, 약동(躍動)하는 생명의 계절, 5월이며 음화(陰火)로 말(馬)을 상징한다.

밝고 개방적이고 화려함을 좋아하는데 예술 지향적인 정열이 있다.

개척적인 면도 있지만 끈기, 지속성이 약하고 질투심(嫉妬心)이 강하다.

시각은 11시에서 13시 사이가 된다.

⑧ 未

종자(種子)가 결실을 맺는 6월 즉 미의 계절은, 자손번영(子孫繁榮)의 의미가 강하며 동물로는 양(羊)에 해당된다. 미는 음토(陰土)로 성정(性情)은 보기에는 온화한 순한 양이지만 속으로는 치밀한 계산을 한다.

그러나 이것이 결점이 되지 않고 오히려 교섭상 유리한 이점(利点)이 되기도 한다.

시각은 13시에서 15시 사이가 된다.

⑨ 申

수확의 계절을 목전에 둔 7월은 결실이 완숙기에 들면서 그 성장이 최고조에 달하는데 맨 처음 그 결실을 맛보는 것이 원숭이였을까?

신은 양금(陽金)으로 원숭이에 해당된다. 성정(性情)은 활동력이 강하고 매사를 지혜롭게 처리하는 능력이 있다. 그러나 침착함이 다소 결여되어 있다.

시각은 15시에서 17시 사이가 된다.

⑩ 酉

음금(陰金)으로 세금(細金)인 반지, 목걸이, 주옥 등으로 상징되는데 동물로는 닭에 해당된다. 유의 성정은 대체로 머리가 좋으며 환경을 개혁하려는 의지가 강한 반면에 내면적으로 사소한 일에 고민을 많이 하여 때로는 오히려 개혁보다 보수로 치닫는 경우도 있다.

시각은 17시에서 19시 사이가 된다.

⑪ 戌

결실을 마친 종자(種子)가 지표(地表)로부터 서서히 지중(地中)으로 들어가는 시기인 9월 즉 술월은 동식물이 활동을 중지하고 다음을 기약하며 생명을 지키는 상태를 나타낸다. 쉽게 마음의 문을 열지 않고 이해할 때까지 관찰하면서 교제하는 신중파이다. 개에 해당된다.

시각은 19시에서 21시 사이가 된다.

⑫ 亥

결실을 끝낸 종자(鍾子)가 생명을 지키기 위해 휴식하고 있는 상태인 해는 10월로 동물로는 돼지에 비유된다.

한가로이 사소한 일에 구애받지 않고 항상 여유가 있다. 그러나 한 번 마음을 먹으면 미친 듯이 저돌적(猪突的)으로 맹진하여 성공하는 노력가가 많다. 때로는 수다스러운 면도 있다.

시각은 21시에서 23시 사이가 된다.

지지	월	오행	동물	속성		
자	11	수	쥐	생수(生水)	정자(精子)	23시~01시
축	12	토	소	습토(濕土)	전답토(田畓土)	01시~03시
인	1	목	범	사목(死木)	동량목(棟樑木)	03시~05시
묘	2	목	토끼	생목(生木)	초목(草木)	05시~07시
진	3	토	용	윤토(潤土)	습토(濕土)	07시~09시
사	4	화	뱀	태양(太陽)	광명(光明)	09시~11시
오	5	화	말	등촉(燈燭)	활화(活火)	01시~13시
미	6	토	양	사토(砂土)	조토(燥土)	13시~15시
신	7	금	원숭이	큰쇠(大金)	경금(硬金)	15시~17시
유	8	금	닭	사금(砂金)	연금(軟金)	17시~19시
술	9	토	개	조토(燥土)	산성토(山城土)	19시~21시
해	10	수	돼지	강물(江水)	대해수(大海水)	21시~23시

⑤ 사주(四柱)의 구성

태어난 해의 간지(干支)가 1주(柱), 월(月)의 간지가 2주(柱), 일의 간지가 3주(柱), 시(時)의 간지가 4주(柱) 즉 4개의 기둥으로 천간(天干) 1자, 지지(地支) 1자 도합 2자씩 되어 모두 8자가 되므로 운명을 사주팔자(四柱八字)라고 한다.

1) 년(年)의 기준

태양은 1일 1도씩 동(東)쪽에서 서(西)쪽으로 이동하여 365.2422일 만에 1년을 만들어 내고, 지구는 24시간에 걸쳐 주야(晝夜)를 1일로 하여 365.2422일 만에 1공전을 하면서 1년을 만들어 낸다.

1년의 가운데는 4계절이 있고 4계절 속에는 12절기(節氣)가 있는데 입춘(立春)부터 소한(小寒)까지이다. 따라서 1년의 시작은 입춘일부터다.

2) 월(月)의 기준

1년 4계절 속에는 12절기(節氣)가 있고 12절기에는 1절기씩 마다 1후(候)가 들어 있어 결국 1년은 24절후(節候)가 된다. 입춘부터 시작하여 12절기가 들어오는 시점부터 월의 시작으로 한다.

예를 들어 3월의 시작은 3월의 절기인 청명(淸明)일부터 3월로 본다.

또 월의 기준표를 보고 생월과 월지를 알았지만 월간(月干)은 모르는데, 이때는 출생 년의 천간과 간합(干合)하는 오행을 상생하여 주는 오행의 양간(陽干)을 월두(月頭)로 시작하여 순차적으로 부쳐 간다.

예를 들어 갑자년 인(寅)월 즉 1월에 태어난 사람의 경우라면, 갑은 기토와 간합(干合)하여 토가 되므로 토를 생하여 주는 오행(五行)은 화가 된다.

화의 양은 병(丙)이 되므로 이 사람의 월 간지는 병인(丙寅)이 된다. 따라서 갑의년이나 기의년에 태어난 사람은 1월이 병인월, 2월이 정묘월 하는 식으로 순차적으로 부쳐 나가면 된다. (만세력을 참조하면 바로 나옴)

• 간합(干合=六合)에서 보는 월 간지(干支)
갑기년(갑기 합은 토) : 1월(병인월)부터 시작
을경년(을경 합은 금) : 1월(무인월)부터 시작

병신년(병신 합은 수) : 1월(경인월)부터 시작

정임년(정임 합은 목) : 1월(임인월)부터 시작

무계년(무계 합은 화) : 1월(갑인월)부터 시작

월의 기준표

월	1	2	3	4	5	6	7	8	9	10	11	12
월지	인	묘	진	사	오	미	신	유	술	해	자	축
절기	입춘	경칩	청명	입하	망종	소서	입추	백로	한로	입동	대설	소한

24 節候表

계절	월	절기
春	1月	입춘(立春)
		우수(雨水)
	2月	경칩(驚蟄)
		춘분(春分)
	3月	청명(淸明)
		곡우(穀雨)
夏	4月	입하(立夏)
		소만(小滿)
	5月	망종(芒種)
		하지(夏至)
	6月	소서(小暑)
		대서(大暑)
秋	7月	입추(立秋)
		처서(處暑)
	8月	백로(白露)
		추분(秋分)
	9月	한로(寒露)
		상강(霜降)

		입동(立冬)
冬	10月	소설(小雪)
	11月	대설(大雪)
		동지(冬至)
	12月	소한(小寒)
		대한(大寒)

3) 일(日)의 기준

지구가 24시간 동안 1회 자전(自轉)하여 하루가 되는데 그날의 일진(日辰)을 일주(日柱)라고도 하는데 만세력을 참조한다.

일진은 사주의 주인공(主人公)으로 바로 자신을 나타낸다.

4) 시(時)의 기준

밤 11시(23시)에서 새벽 1시(01시)까지를 자시(子時)로 하여 이후 2시간 단위로 축시(丑時, 01시~03시), 인시(寅時, 03시~05시) 하는 식으로 지지(地支)의 순서대로 부쳐 나간다.

이때 시두(時頭)의 천간은 일(日)의 천간과 합한 것을 상극 하는 오행의 양(陽) 천간을 자시부터 부쳐 시작한다.

예를 들어 일간이 갑일 혹은 기일일 경우, 갑기 합은 토가 되는데 토를 극하는 오행은 목이 되고, 목의 양 천간은 갑이 된다. 따라서 자시부터 부쳐 나가면 '갑자시, 을축시, 병인시' 하는 식으로 시의 간지를 만들 수 있다.

따라서 같은 자시라도 일진에 따라 갑자시나 병자시 등으로 바뀔 수가
있다.

- **야자시(夜子時)**
: 전날 11시부터 밤 12시까지 출생한 사람은 전날의 일진(日辰)을 일주
  (日柱)로 삼는다.

- **명자시(明子時)**
: 밤 12시부터 새벽 1시 사이에 출생한 사람은 그날의 일진(日辰)을 바
  로 일주(日柱)로 한다.

- **간합(干合)에서 보는 시 간지(干支)**
갑기일(갑기 합은 토) : 갑자시부터 시작
을경일(을경 합은 금) : 병자시부터 시작
병신일(병신 합은 수) : 무자시부터 시작
정임일(정임 합은 목) : 경자시부터 시작
무계일(무계 합은 화) : 임자시부터 시작

시각(時刻)에 대한 이해

___

영국 그리니치(greenwich) 천문대의 본초자오선인 경도(經度) 0도를 중심으로 동경(東經) 7.5도, 서경(西經) 7.5도 범위 안에서 공통으로 사용하는 시각이 세계의 표준시의 기준이 되는데 우리나라 표준시와는 약 9시간의 차이가 난다.

우리나라는 동경 135도를 기준으로 하는 평균 태양시를 쓰는데, 우리나라 서울의 경도(經度)는 126도 58분 46초로, 해 뜨는 시각으로 보면 일본의 동경보다 시간상으로 30분 정도 차이가 난다고 한다.

따라서 일본의 12시가 한국에서는 11시 30분, 중국에서는 11시가 된다고 한다.

부산과 서울의 시차(時差)도 경도상으로 본다면 약 8분 정도 부산이 빠르다고 한다.

우리나라는 경도로 동경 124도(용천군 비단도 혹은 마라도)에서 동경 약 132도(독도가 131도 52분)에 걸쳐 있으므로 결국은 각 구간에 해당되는 지역마다 조금씩 차이가 난다는 것인데 과연 경도를 기준으로 시간을 구분하는 것이 정말 당연한 것인가? 한 번쯤 생각해 볼 문제가 되지 않겠는가? 경도(經度)란 지구상의 위치를 나타내는 좌표이지, 결코 시간을 나타내는 기준의 좌표는 아니기 때문이다.

사주상에서 시간이 운명(運命)에 미치는 영향은 지대하다. 사주 네 기둥 중에 하나의 기둥이면서 나아갈 미래를 예단할 수 있는 시주(時柱)를 정확히 보는 것은 매우 중요하다.

그리하여 우리나라의 경우 동경 135도의 자오선을 기준으로 하는 일본보다 30분 늦기 때문에, 각 30분씩을 넘겨서 밤 11시 30분부터 자시로 보는 것이 정확하다고 많은 학자들이 주장하고 있다.

그러나 경도는 지구상의 좌표를 나타내는 좌표일 뿐이고 시간은 별개의 문제다. 사주(四柱)를 감정할 때 시간과 함께 중요한 것은 계절의 추이(推移)를 나타내는 조후(調候)를 살피는 것인데, 한여름에 태어났거나 한겨울에 태어났을 때는 특히 시각을 세밀히 살펴야 한다.

그러나 경도상의 문제로 서울과 부산은 8분 차이가 나고 일본과 한국은 30분 차이가 나니, 정확한 시간을 설정해 사주를 봐야 한다고 하는 문제는 아무리 생각해도 이해도 안 되고 설득력이 부족하다. 실제로 서울이 12시일 때 동경도 12시고, 부산도 12시이기 때문이다.

차 한 잔으로 떠나는 작명 여행

제3장

성정론(性情論)

1 일주(日柱)로 보는 성정(性情)

　사람의 성정(性情)을 살필 때 옛날에는 신언서판(身言書判)이라 하여 인물이나 말씨, 문필, 판단력을 중심으로 그 인품을 살피기도 했는데 그중에서도 우선은 관상(觀相)이었다.

　예를 들어 이마가 넓으니 관운(官運)이 좋아 나중에 한자리 하겠다느니, 코가 잘생겼으니 금전 복이 있겠다는 등 먼저 상을 보고 일차적인 평가를 한다.

　다음이 띠인데, 소띠니까 일복이 많고 과묵하게 행동하니 부지런하고 성실하겠다, 또 쥐띠로 밤에 태어났으니 부지런하겠다는 등의 2차 평가로 종합평가를 하면서 그 인물의 성정을 가늠하기도 했다.

　그리하여 작명(作名)을 할 때도 띠와 관상은 사주와 함께 중요한 포인터가 되어 참고하기도 하였다.

　그러나 관상은 자라면서 여러 요인으로 인해 변할 수도 있고, 또 12가지로 분류되는 띠(地支)만으로 그 사람의 특정을 단정 지어 이름자에 반영한다는 것은 다소 무리가 따른다.

　더구나 옛날보다 더욱 복잡다단해진 디지털 시대에 사는 현대(現代)의 사람들의 성정을, 단순히 띠나 관상만으로 판단(判斷)하여 이름자에 반영시키는 것은 다소 부족함이 있다.

　이에 60개의 분류로 특징되는 60갑자로 보는 일주(日柱)의 특성에 주목하게 되는데, 그 사람의 성정(性情)과 인품 전반을 판단할 때 매우 중요한 기준이 된다.

　따라서 대체적인 인품을 염두에 두고 글자 하나하나로 만들어 내는 작

　　　　　　　　　　　　차 한 잔으로 떠나는 작명 여행

명(作名)의 과정에서 일주(日柱)의 이해는 아주 귀중한 정보가 된다. 작명에 절대적으로 참고함이 좋다.

1) 갑 천간(甲 天干)

갑을 천간으로 하는 60갑자는 갑자, 갑인, 갑진, 갑오, 갑신, 갑술의 6개가 있는데, 갑은 큰 나무로 크게 자라기 위해서는 풍요로운 토양(土壤)과 적당한 물(水)이 있어야 한다.

그러나 사주(四柱)는 항상 중화(中和)를 최우선으로 보기 때문에 지나치게 많음과 지나치게 적음을 경계해야 한다. 중화를 넘어설 때 물론 일주의 본 특성은 변하지 않지만 같은 일주라도, 그 특성의 강함과 약함은 분별함이 필요하다.

예를 들어 똑같은 갑자 일주라도 주위에 갑이나 자가 2, 3개 있는 경우라면 한 개 있는 갑자 일주보다는 특성이 더욱 강해진다.

중화를 우선하는 사주의 특성상 너무 강하거나 약하면 그 본질(本質)을 오히려 약화시킨다.

이 이론은 60갑자 전체 해설(解說)에 적용되니 참고하시기를 바란다.

① 갑자 일주(甲子 日柱)

60갑자의 시작으로 만물을 잉태(孕胎)하는 역할을 하는 갑자 일주는, 선두에 서서 남을 이끌기를 좋아하는데 위로 뻗어 가려는 나무의 특성상 급히 자라고 싶은 욕망이 강하다.

따라서 명예, 재산, 지위 등에 대한 욕망이 남보다 지나치게 강하여, 간혹 실패하기도 하는데 냉정하게 사물을 판단하는 통찰력이 뛰어나고, 독립심이 강하며 지도자로서의 자질이 특출하다.

또 경신(敬神)사상이 뛰어나서 토속신앙이나 종교에 심취하는 경향이 있고 영적(靈的) 감각이 우수하다.

갑에서 자는 물로 정인(正印), 즉 엄마가 되며 사주(四柱)에 물이 지나치게 많으면, 주색(酒色)으로 실패를 하는 수가 많으며 특히 부부 궁이 좋지 않을 수 있다.

② 갑인 일주(甲寅 日柱)

갑목(甲木)은 큰 나무가 봄에 싹을 트는 형상으로 야망과 이상이 크고 난세를 만나면 더욱 진가(眞價)를 발휘하여 그 기상(氣像)이 돋보인다.

평소에는 성품이 온화하고 총명하며 인정(人情)에 약해서, 가난한 사람이나 약한 사람을 보면 그냥 있지를 못해 많은 도움을 준다. 또 주관(主觀)이 뚜렷하고 배짱이 두둑하고 독립심이 강해 자수성가를 하는 사람이 많은데, 통머리가 커서 작은 것에는 별 관심이 없다.

단 성격적으로 급한 면도 있고 다소 난폭한 면도 있으므로 스스로 수양함이 좋다.

천간(天干)과 지지(地支)가 같은 경우(干如支同), 배우자 궁에 자기와 같은 사람(比肩)이 앉아 있는 형상으로 부부 궁이 불리할 수 있다.

물론 현대사회는 남성, 여성 구별 없이 사회생활을 하는 까닭으로 그다지 문제는 없지만 참고하여 처세함이 좋다.

차 한 잔으로 떠나는 작명 여행

③ 갑진 일주(甲辰 日柱)

남자의 입장에서 일지(日支) 진은 토(土)로 금전과 아내가 되는데, 진은 또 토의 재고(財庫)가 되어 아내가 돈 창고를 가지고 있는 형상이 된다.

성품은 온순하고 내성적으로 적극성이 부족하여 큰일을 추진하기에는 다소 어려움이 따르지만, 의외로 호탕한 면도 있고 융통성이 있으며 이재(理財)에 대한 감각이 탁월하다.

돈이나 여자의 유혹에 쉽게 빠져 몸과 재산을 탕진할 수도 있으니 매사 자중하고 수양함이 필요하다.

60갑자 중에서 갑진은 횡액(橫厄)을 불러온다는 백호살(白虎殺)에 해당이 되는데, 물론 현대적인 의미에서는 별로라고 해도 교통사고 등에 매사 신중함이 필요하다.

④ 갑오 일주(甲午 日柱)

한여름의 정자나무에 비유되는데 무더위가 한창인 때는 자연 시원한 그늘을 찾아 사람들이 많이 모인다. 따라서 갑오 일주는 어디를 가든지 사람들에게 인기가 많다.

하나를 알면 셋을 추리할 정도로 머리가 뛰어나게 총명하고 아집(我執)이 강한 편이나 적극성이나 결단력이 다소 부족하여 낭패를 당하기도 한다.

또 남을 위하여 좋은 일을 많이 하는데도 결과는 수고한 만큼 공(功)이 돌아오지 않는 경우가 많다.

남자인 경우는 오(午) 중 기토(己土)인 편재(偏財)와 암합(暗合)하므로 주색(酒色)을 밝히는 경향이 있다.

여자의 경우는 오(午)가 상관(傷官)이 되어 남편 궁인 정관(正官)을 치기 때문에 부부 궁이 불리할 수 있다. 남녀 대체로 멋쟁이다.

⑤ 갑신 일주(甲申 日柱)

가을의 열매를 수확하는 갑목은 이제 닥쳐올 겨울을 대비하여 많은 준비가 필요하다. 즉 변화와 개혁을 추구하는 기상(氣像)이 출중하며 총명하여 일을 진행함에 뛰어난 자질이 있다.

그러나 성정이 급한 편으로 권태를 잘 느껴 변덕이 심하고 인색(吝嗇)하다.

또 주관이 약해 남의 말을 잘 듣고 매사 제대로 매듭을 짓지 못하는 용두사미(龍頭蛇尾) 격으로 결국에는 실패하기도 한다.

일생 기복이 심하여 좌절과 실패를 거듭하는데 주관(主觀)을 뚜렷이 하는 수양이 필요하다.

수(水)가 많아 사주상 신(申)이 희신(喜神)이 되면 신(申) 편관(偏官)이 살인화(殺印化)가 되어 나를 돕는 사주가 되어 교육자나 언론계에 진출하여 성공한다.

⑥ 갑술 일주(甲戌 日柱)

갑목이 내년 봄을 기약하며 뿌리에 온기를 갖추어 기다리는 형상으로, 인내심이 강하며 가을의 정취를 닮아 낭만이 있고 매우 감성적이다.

그러나 한편으로 괴강성(魁罡星)의 기질을 가지고 있어 강한 인상을 주기도 한다.

또 강한 성정(性情)으로 인하여 때때로 직선적인 면과 과격한 면을 보여 주어 남들과 다툼이 많은데 스스로 수양함이 좋다.

원래는 온화하고 부드러운 성품이라 남을 위하여 봉사도 잘하는데 조금의 수양만 하면 사교적인 면에서도 부족함이 없다.

술(戌)이 천문성(天文星)에 해당되어 영감력(靈感力)이 강한 편으로, 사주에 중복으로 술(戌), 해(亥)를 만나면 종교와 인연이 깊다.

2) 을 천간(乙 天干)

을목(乙木)을 천간으로 하는 간지(干支)는 을축, 을묘, 을사, 을미, 을유, 을해의 6개가 있는데. 갑목인 큰 나무와는 달리 화초목(花草木)으로 우선 화려하고 예쁜 형상이다. 적극적이고 진취적인 기상은 갑목에 비해 떨어지지만 내실을 알차게 가꾸는 능력이 뛰어나다.

을목은 봄에 싹이 트고 여름에 무성한 초록으로 변하기 때문에, 병화(丙火)의 태양열과 물이 절대적으로 있어야 한다.

따라서 을사, 을미 일주가 제일 강하고 을묘, 을축은 보통이고 을유, 을해가 제일 약하다.

중화를 중시하는 사주의 특성상 많고 적음에 따라 강해지기도 하고 약해지기도 하기 때문에, 특성의 본질은 많이 변하지 않지만 강약의 분별은 필요하다.

① 을축 일주(乙丑 日柱)

얼어붙은 동토(凍土) 아래에서 새싹을 피우려고 고뇌하고 있는 형상으로 의지력이 강하고 미래에 대한 욕망 또한 강하다.

내성적인 성품으로 온화하면서 인자하고 자비로우면서 인화(人和)를 중시하는 인생관을 가지고 있다.

또 낭만적이고 감상적인 기질이 강하면서 인정이 많다. 독립심 또한 남보다 뛰어나게 강하며 자신에게 주어진 임무라고 생각하면 보수적일 정도로 우직하게 지키려고 하는 성실(誠實)한 인품의 소유자이다.

그러나 이러한 성정이 오히려 결단력을 무디게 하여 기회를 놓치는 경우를 당하기도 하여 좌절의 고배를 마시기도 한다.

② 을묘 일주(乙卯 日柱)

외유내강(外柔內剛)의 성품으로 자기의 주장이 강하고 성실하고 분명한 인품에 끊고 맺음이 확실하다. 특히 남에게 간섭받기를 싫어하여 독자적인 행동을 잘 취하는데 승부욕이 매우 강하다.

이른 봄의 어린 꽃으로 피어나려는 의지가 강하며, 미모에 재능이 뛰어난 사람이 많고 순수한 성정이 돋보인다.

그러나 앞서가려는 조급성이 일을 망치는 경우가 있으므로 신중함이 필요하다.

간여지동(干如支同)의 간지인 을묘는 유약한 꽃나무라 해도 일지가 건록(建祿), 비견(比肩)으로 매우 강하다. 따라서 배우자 궁이 불리할 수도 있으나 현대 사회에서는 여성의 활동이 활발하므로 단적으로 유, 불리를 말할 수는 없다.

③ 을사 일주(乙巳 日柱)

화려함을 좋아하고 예술 감각이 뛰어나며 외면적으로는 소극적(消極

的)이고 온순한 타입으로 동정심도 많고 인간관계도 무난하다.

그러나 내면적으로는 외곬 성향이 강해 남의 말을 잘 듣지 않고 불평불만이 많아서 결국에는 인간관계에서 좌절을 맛보기도 한다.

특히 부부 인연이 좋지 못해 남녀 공히 일생을 해로(偕老)하지 못하고 이별의 아픔을 맞이할 수도 있다.

옛날의 경우 여자는 소실(小室)의 명으로 독수공방(獨守空房) 신세를 면하기 어려웠지만, 현대에서는 인식의 변화와 다양한 예술의 발전으로 스스로 예술적 재능을 다듬어 성공하는 경우가 많다. 일생 남녀관계의 애정 문제에 신중해야 한다.

④ 을미 일주(乙未 日柱)

음토 위에 꽃나무가 결실을 맺은 형태로 재물이 풍족하고 창의적인 기상이 넘치며 부드러운 심성에 원만한 성품의 소유자가 많다.

차분하면서 매사를 처리하는 능력은 탁월하나 한번 일에 몰두하면, 생각이 지나쳐서 침착하지 못하고 신경질적으로 변해 자신과 주위를 힘들게 한다.

을미 자체가 백호살(白虎煞)로 옛날에는 궁합을 볼 때, 을미 일주는 사위로서 좀 꺼리기도 하였으나 현대에서는 무시한다. 그러나 백호살 자체가 갑작스런 횡액(橫厄)을 암시하는 살이므로 남녀 공히 교통사고, 혹은 불시의 재난에 대비하는 조심스러움이 요구된다.

처궁(妻宮)이 편재(偏財)이면서 백호이기 때문에 여난(女難)을 겪을 수도 있다.

⑤ 을유 일주(乙酉 日柱)

연약한 새싹이 온갖 풍파를 겪고 한 떨기 꽃으로 피어나는 형상이며 지혜로움과 매사에 노련함이 탁월해서 위기에 대처하는 능력이 뛰어나다.

성품이 유순하고 정직하며 남에게 신뢰를 줄 수 있는 인품의 소유자가 많은데, 조금 조급한 면과 소심한 면이 있어 노련함 가운데 하나의 결점(缺點)이 되니 수양함이 필요하다. 남을 위해 노력도 많이 하지만 노력한 만큼의 결과가 나오지 않아 속상해하는 때가 많다.

남자의 경우는 배우자의 사소한 간섭과 바가지로 생활이 피곤하기도 하고 여자의 경우는 자유연애주의자가 많으며 애인을 두기도 한다. 물론 남녀 공히 사주 전체의 구성에 따라 제화(制化)가 잘되면 별 문제는 없다.

칼 위에 피어 있는 꽃의 형상으로 자주 불안해 할 수 있다.

⑥ 을해 일주(乙亥 日柱)

을해는 한겨울에 물위를 떠다니는 부평초로 인사(人事)에 비유하면 역마성(驛馬星)으로 여행하기를 좋아하고 또 해외 출입이 잦을 수도 있다.

조용하면서 어질고 온화하며 의지력이 강한 편인데 참을성이 부족하여 빨리 싫증을 냄으로서 실패하기도 한다.

따라서 끈질긴 신념(信念)으로 자존심을 죽이고 겸양(謙讓)하면, 한자리에서 안정된 생활을 할 수 있다.

창작력과 예지력이 뛰어나며 꿈이 잘 맞고 식복(食福)이 있으며 교육자로서의 자질이 뛰어나다.

쓸데없는 걱정과 잦은 변동이 실패의 원인이 되니 항상 수양해야 한다.

3) 병 천간(丙 天干)

병화를 천간으로 하는 간지(干支)는 병자, 병인, 병진, 병오, 병신, 병술의 6가지로 병화 자체가 태양으로서 큰불, 밝음 등의 의미가 있고 감출 줄 모르고 솔직하다.

타인에 대해서도 친절하고 예의(禮儀)가 바르며 어려운 사람을 보면 도움의 손길을 잘 주기도 하고 매사 적극적인 편이다.

그러나 지나치게 적극적이고 격렬한 성질 때문에 사소한 일에 오랜 친구와 절교하는 경우도 있으니 수양함이 필요하다.

병화는 양 천간(陽天干)을 대표하며 만물을 소생(蘇生)시키는 힘을 가지고 있다.

역시 중화를 중시하는 역(易)의 특성상 강함과 약함의 분별은 필요하다. 병오가 제일 강하다.

① 병자 일주(丙子 日柱)

한밤중에 밝게 빛나는 형상으로 수려(秀麗)한 용모나 정확한 판단력과 뛰어난 지혜는 타인과의 교제에 월등한 진가를 발휘한다.

천성적으로 뛰어난 설득력과 능란한 언변은 많은 사람들에게 호감을 주면서, 사교적인 면에서 타의 추종을 불허할 정도로 뛰어나다.

그러나 직선적인 성격과 급한 성질 때문에 자주 남들에게 오해를 받아, 결국에는 노력한 공로가 수포로 돌아가 오히려 구설(口舌)에 휘말려 낭패를 보기도 한다.

남자는 색정(色情)을 조심하여야 하고 여자는 남편을 무시하는 경향으로 가정이 깨질 수 있으니 남녀 공히 자신을 수양함이 필요하다.

② 병인 일주(丙寅 日柱)

첫 새벽에 태양이 동쪽에서 서서히 떠오르며 만물이 기지개를 켜고 태동하는 형상으로 밝고 활기찬 운기(運氣)를 가졌다.

심성이 온화하고 인정도 많고 예의가 바르며 타인과의 교제를 즐기며 허물이 없고 솔직한 인간성의 소유자가 많다.

천성적으로 뛰어난 두뇌의 소유자가 많고 사교적이라 남들과의 교분도 많이 쌓는 편이나, 직선적인 성격 때문에 주위 사람들로부터 호평을 받지 못할 수도 있다.

병인 일주 자체가 홍염살(紅艷殺)로 옷도 잘 입고, 멋쟁이이면서 예술적인 재능과 기술적인 재능이 뛰어나다. 지모(智謀)가 뛰어나서 너무 앞서가는 바람에 실패할 수도 있으니 허욕을 버리고 자중함이 필요하다.

③ 병진 일주(丙辰 日柱)

봄날 화사한 태양의 강렬함에서 나온 것일까, 명예욕이 강하며 남에게 지기 싫어하는 성격의 소유자로 화술(話術)이 뛰어나고 매사 일 처리가 능란하다.

화술이 뛰어나다 보니 상대방의 의견을 무시하고 자기의 주장을 관철시키려 하다가 상대방과 싸움을 자주 하는 편이니 자중함을 요한다.

남자는 처궁(妻宮)이 식신(食神)이라 처덕을 볼 수 있으나, 여자의 경우는 배우자 궁이 자식을 안고 있는 형상으로 남편 복이 없을 수 있다.

남녀 공히 이상이 높고 생각한 것은 실천하려는 기질이 강해서, 인내하

차 한 잔으로 떠나는 작명 여행

는 수양을 하면 의외의 큰 인물이 될 수 있다.

④ 병오 일주(丙午 日柱)

가장 뜨거운 태양으로 열정이 강하고 항상 도전적인 자세로, 이상을 추구하려 하는데 승부욕이 강해서 간혹 실패하기도 한다.

또 화려함을 좋아하고 매력적인 면이 있어 남에게 많은 호감을 주기도 하는데, 고집과 자기주장이 너무 강해 매사에 자만함으로써 재물을 탕진하거나 배우자와의 인연을 깨트리기도 한다.

병오는 양인살(羊刃殺) 중에도 특히 일인살(日刃殺)에 해당되어 본인이나 배우자의 재물의 손실이나 신체적인 재난에 빠지기 쉽고, 주색잡기로 인해서 패가망신 당할 수도 있으니 항상 자중하여 운신(運身)에 조심하여야 한다.

⑤ 병신 일주(丙申 日柱)

가을의 태양으로 점잖은 성품과 부드럽고 사려 깊은 마음을 가지고 있어 주위로부터 미움을 받지 않으며 인간관계가 원만하다.

두뇌 회전도 빠르고 항상 새로운 것을 추구하면서 진취적인 사고방식으로 매사에 임하면서 많은 노력을 하지만 노력한 만큼 결실이 모자랄 때도 있다.

그것은 재조(才操)가 너무 뛰어나기 때문이니 한 가지 분야에서 정진하는 마음의 자세가 절대적으로 필요하다.

화려함을 좋아하여 색정(色情)으로 인한 고통에 직면할 수도 있으니 스스로 수양하는 자세가 요구된다.

⑥ 병술 일주(丙戌 日柱)

해가 서산으로 넘어가는 형상으로 온화하고 자상하며 성실한 인품으로 다소 낙천적이고 알뜰한 성품의 소유자이다.

예술과 체능(體能) 방면에 소질이 뛰어나며 화려함을 좋아하고 주색을 즐기는 타입으로 허세가 심하다. 또 남의 일에 간섭하기를 좋아하여 남과 잘 다투기도 한다.

온화하고 낙천적이나 성격적으로 급한 면도 있어 간혹 조급함 때문에 잘나가다가 실패하기도 하는데 평소에 인내심을 기르는 수양이 필요하다.

병술은 자체로 백호살(白虎殺)로 중년 이후에는 특히 교통사고, 질병 등 횡액(橫厄)에 절대적으로 주의해야 한다.

4) 정 천간(丁 天干)

정을 천간으로 하는 간지(干支)는 정축, 정묘, 정사, 정미, 정유, 정해의 6개로 병화가 태양으로 밝은 불이라면 정화는 어두움을 밝혀 주고 인도해 주는, 성령(聖靈)과도 같은 불빛으로 작은 불의 의미인 촛불, 화롯불 등을 의미한다.

예술적 감각이 뛰어나고 면밀한 주의력과 관찰력은 타의 추종을 불허하고, 매사를 이성적(理性的)으로 처리하는 능력이 뛰어나다.

말과 행동이 모나지 않아 타인과의 친화에도 문제는 없으나 간혹 색정(色情)으로 인하여 고생하기도 한다.

역시 중화를 중시하는 역(易)의 특성상 정화 일주 역시 사주 전체의 강약에 따라 분별함이 있어야 한다.

① 정축 일주(丁丑 日柱)

정축은 변화를 추구하려는 불꽃으로 상징이 되는데 이상과 목표를 향하여, 항상 분주하게 노력하는 타입으로 때로는 너무 많이 벌여 별 실속 없이 끝나기도 한다.

근면 성실하고 사교성도 강하고 예체능(藝體能)에도 뛰어난 소질을 가진 사람이 많은데 대체적으로 총명하고 인정이 많다.

또 겉보기에는 약해 보이지만 내적으로는 매우 강한 기질의 소유자로 모방하기보다는, 창의적인 방법으로 무에서 유를 만들어 내는 자수성가하는 사람이다.

항상 지나치지 않고 신중히 하나에 몰두하는 습관을 가짐이 좋다. 재고(財庫)를 차고 있어 이재(理財)에도 능하다.

② 정묘 일주(丁卯 日柱)

정묘 일주는 예지력이 뛰어나고 이상적이며 감상적인 성격의 소유자가 많은데 특히 종교적인 영적(靈的) 감각이 특출하게 뛰어나다.

미래에 대한 동경이 지나치고 신비적인 것을 좋아해 그냥 감상에만 빠져 자기만의 세계에서 만족하며 안주하는 것을 즐기기도 한다.

영적으로는 뛰어난 반면 육체적으로는 미숙한 면이 많아서 매사에 결실을 못 보고 실패하기가 쉬운데, 이해득실을 따져 보다 냉철하고 적극적인 생활습관이 필요하다.

사치(奢侈)가 심한 편이며 남녀문제로 인한 고통으로 번민에 빠지기도 하는데 보다 현실적인 감각을 필요로 한다.

③ 정사 일주(丁巳 日柱)

정사는 훤한 대낮의 불꽃으로 불로서의 기능은 약하다. 그러나 활동적이며 화려함을 좋아하고 예술적 감각이 뛰어나다.

겉보기에는 부드러운 편으로 보이지만 내면적으로는 의외로 자기주장이 강하다.

대인관계에서는 예의도 바르고 온화한 성품이지만 너무 자신을 과시하는 경향이 있어 그것이 때로는 남들에게 허세로 보일 때도 있다.

여자의 경우 정사가 고란살(孤鸞殺)로 부부 궁이 약하며 남자의 경우도 겁재(劫財)에 해당되어 부부의 인연이 약할 수 있다. 따라서 현실적이고 실용적인 사고방식이 필요하다.

④ 정미 일주(丁未 日柱)

정미 일주는 내성적인 성품으로 인정이 많고 유순한 인격의 소유자로 남에게 베풀기를 좋아하고 보수적인 기질이 많다.

개방적인 성격으로 마음속에 묻어 두어야 하는 말도 참지 못하며, 끝까지 비밀을 지켜야 하는 경우에도 참지 못하여 발설하고 나서 바로 후회하기도 한다.

어려운 이웃을 보면 자기 일인 듯 생각하고 선행(善行)을 베풀지만, 좀 지나칠 때도 있어 나중에는 스스로도 자중해야 한다고 후회하기도 한다.

따라서 이상과 현실 사이에서 고민할 때가 많은데 현실적인 감각을 익히는 수양이 필요하다.

⑤ 정유 일주(丁酉 日柱)

정유 일주는 총명하며 지혜롭고 매사 일처리에 사심(私心) 없이, 공정하게 처리하는 능력이 탁월하여 자신이 주인공으로 나서는 것보다는 참모(參謀)로서 역할이 기대되는 사람이다.

비교적 인생에 굴곡이 많은 편이지만 금전운(金錢運)과 의식운(衣食運)은 대체적으로 좋아서 먹고 사는 것에는 별로 부족함이 없다.

예술적인 감각이 뛰어난 멋쟁이가 많다. 때로는 인내하지 못하고 울컥하는 성질 때문에 주어진 복을 차서 결국에는 실패할 수도 있으니 항상 인내하는 훈련이 필요하다.

⑥ 정해 일주(丁亥 日柱)

정해는 한밤중의 불빛으로 많은 사람을 인도하는 형상으로, 신앙심이 돈독(敦篤)하며 예의가 바르고 처세가 정확하여 만인에게 추앙받는 인격자가 많다.

그러나 자존심이 강하고 성질이 급한 편으로 쉽게 권태를 잘 느끼는 단점이 있어 때로는 심혈을 기울인 일이 용두사미(龍頭蛇尾)로 끝날 때가 종종 있다.

그러나 독립심도 강하고 지혜와 예지력(豫知力)이 뛰어나므로 자신의 단점을 스스로 보완하는 수양을 하면 크게 성공한다. 간혹 색정(色情) 문제로 고민할 때가 있으니 처신을 신중하게 할 필요가 있다.

5) 무 천간(戊 天干)

무를 천간(天干)으로 하는 간지는 무자, 무인, 무진, 무오, 무신, 무술의 6개이며 무토는 양토(陽土)로서 큰 산을 의미하는 산악(山岳)의 토, 또는 제방토(堤坊土)에 해당된다.

양토이기 때문에 건조한데 적당한 수기(水氣)를 만나면, 만물을 생육(生育)하며 그 본래의 진가를 발휘한다.

또한 무토는 큰 산으로 듬직하고 강건한 정신력으로 매사를 대범하게 처리하는 능력이 뛰어나지만, 때로는 강건한 정신이 지나쳐서 타인과 쉽게 충돌(衝突)하는 경향이 있어 주의가 필요하다. 또 일에 싫증을 잘 내는 편이라 끈질긴 자세가 요구된다.

① 무자 일주(戊子 日柱)

얼어붙어 있는 대지가 만물을 잉태(孕胎)하여 품고 있는 모습으로 새로운 것을 만들어 내려는 욕망이 강하다.

성품은 주관이 뚜렷하고 점잖은 신사의 풍모를 가졌는데 다른 사람과의 약속이나 신의(信義)를 중시하는 인생관을 가지고 있다.

그러나 처음으로 대하는 사람에게는 접근하기 어려울 정도로 근엄함을 보이기도 하는데, 그것은 성격 자체가 무뚝뚝하고 자신의 주장을 내세우기를 좋아하기 때문이다. 자기 판단을 너무 과신(過信)하여 남과의 타협을 무시하는 경향이 있어 실패하기도 한다.

차 한 잔으로 떠나는 작명 여행

② 무인 일주(戊寅 日柱)

한 점의 온기(溫氣)가 얼었던 대지에 활력을 불어 주어 만물이 움터 오르는 형상으로 생기가 돌고 의욕이 차고 넘친다.

성품 또한 어질고 인자하며 대인관계에서도 처세술이 좋아, 많은 사람들에게 사랑을 받으며 이상이 높아 작은 것에는 별로 연연하지 않는다. 또 총기(聰氣)가 있고 낙천적이고 인정이 많은 편으로 남을 잘 도와주기도 한다.

예술적인 면에서도 뛰어난 감각을 소유하고 있으며 대체적으로 인격이 중후하다. 때로는 의욕이 지나쳐 실패할 수도 있으며, 남녀 모두 배우자와의 인연에 문제가 발생할 수도 있으니 주의를 요한다.

③ 무진 일주(戊辰 日柱)

무진 일주는 봄철의 산에 나무가 무성히 자라고 있는 형상으로 자존심이 유별나게 강하고 명예욕(名譽慾) 또한 매우 강하다.

지혜가 있고 총명하며 성격도 모나지 않아서, 주위 환경에 잘 적응하여 대인관계에서도 비교적 원만하다.

다른 사람에 비해 인생을 느끼는 감정이 좀은 철학적인 면이 있는데, 이러한 인생관이 다소 지나쳐 스스로를 고립시키기도 하니 주의를 요한다.

큰 인물이 될 수 있는 그릇은 충분한데 형제나 주위 사람으로 인한 고통으로 어려움에 처할 수도 있으니 현실적인 감각을 가짐이 필요하다. 이재(理財)에 특출한 수완이 있어 크게 성공하기도 한다.

④ 무오 일주(戊午 日柱)

한여름의 산에 불이 난 형상으로 그 강한 열기가 인성(人性)에 작용한 것일까? 매우 정열적이며 자존심 또한 강하여 남에게 간섭받기를 싫어하는 자유인으로 고집이 세고 승부욕이 대단히 강하다.

무오는 양인살(羊刃殺) 중에서도 강력한 일인(日刃)이라 하여 역술(易術)에서 중시하는데, 교통사고나 불의의 횡액(橫厄), 재물의 손실, 이혼 등 흉(凶)한 일이 발생할 수도 있으니 매사에 신중함을 요하고 강한 정열과 고집을 자제함이 좋다.

따라서 지나친 자존심과 정열을 억제하는 것이 흉을 길로 바꾸는 신의 한 수가 되니 자중함이 좋다.

⑤ 무신 일주(戊申 日柱)

무신은 가을 산에 열매가 풍성한 형상으로 이미 완성된 것을 의미하기도 한다. 그래서일까? 또다시 새롭게 무엇을 만들어 보려하는 의욕이 넘친다.

그리하여 무모할 정도로 과감하게 새로운 일에 도전을 잘 하는데 의욕이 지나쳐 실패하여 좌절하기도 한다. 따라서 매사를 진행할 때 자신의 두뇌만을 믿고 함부로 손을 대지 말고, 심사숙고하여 사려(思慮) 깊은 시작을 해야 한다.

지나친 욕망으로 인해 심신이 망가질 수도 있고 부부의 인연도 변할 수도 있으니 자중하고 주색(酒色) 또한 적당함이 좋다.

⑥ 무술 일주(戊戌 日柱)

무술은 영감(靈感)이 뛰어나서 종교적인 감성(感性)의 소유자가 많은데, 총명하며 대인관계에서도 스스로 신뢰를 깨트리지 않는 의리파가 많다.

이재(理財)에 남다른 특출함이 있어 축재(蓄財)하여 부자가 많은데 금전에서는 대단히 인색(吝嗇)하다. 또한 급한 성격과 독선적인 판단 등으로 남에게 인심을 잃기도 하고, 자신에 대해서는 낭비와 사치를 즐기는 묘한 습성을 가지고 있다.

여자는 고집이 세고 남편을 이기려 하는 기질이 강해 부부의 인연이 약할 수도 있으니 자중함이 좋다.

6) 기 천간(己 天干)

기를 천간(天干)으로 하는 간지는 기축, 기묘, 기사, 기미, 기유, 기해의 6개이며 기토(己土)는 음토(陰土)로 전원토(田園土), 논(畓), 밭(田) 등을 의미하는데, 땅속의 온기와 자양분(滋養分)의 성질에 따라 만물을 생육하는 옥토(沃土)가 된다.

기토 일주(日柱)의 성격은 외관은 그냥 평범한 듯 보이지만, 내면에는 깊은 지모(智謀)를 감추고 있어 타인이 쉽게 그 인품을 판단할 수가 없다.

따라서 조금만 수양(修養)하면 의외로 큰 인물이 많이 나오므로 평소 자신을 돌아보면서 정진하면 크게 성공한다.

① 기축 일주(己丑 日柱)

얼어붙어 있는 땅을 보호하여 봄에 싹을 피우려고 하는 의지가 강해서

일까, 매사를 추진하고 이루려고 하는 기질이 강하다.

머리도 총명하고 근면하고 성실하나 좀은 까다롭고 소극적이며 대체적으로 적극적인 활동성이 부족한 탓에 매사를 이루기전에 좌절하기도 한다.

생활 방식은 알뜰한 편으로 검소하지만, 여자의 경우 남편에게 절대 지지 않으려 하는 사고방식 때문에 부부의 인연(因緣)이 변하기도 한다.

남녀 모두 대범하게 인생을 보는 지혜가 필요하며, 그렇게 함으로서 성실함과 검소함이 더욱 돋보여 크게 성공한다.

② 기묘 일주(己卯 日柱)

봄날에 새싹을 피우려 하는 기상(氣像)으로 위로 오르려 하는 기운 탓일까? 남에게 지는 것을 싫어하고 승부욕(勝負欲)이 강하며 남들 하고 다투기를 잘한다.

성격 자체는 온순하고 성실한 편이지만 소심하고 힘과 능력을 기르지도 못하면서 자만심만 가득해 실패하기도 한다. 평소 겸손함을 익히는 수양이 필요하다.

여자의 경우는 연애결혼을 선호하고 확실한 배우자관(觀)을 설정해서 결혼해야지 아니면 쉽게 이혼할 수 있다. 남자도 중년 이후 부부의 인연이 변할 수 있다.

③ 기사 일주(己巳 日柱)

자기주장이 강하며 남에게 지기 싫어하는 기질로 인해 남을 무시하는 경향이 있다.

명예욕이 강하며 말을 잘하여 남들 앞에 나서기를 좋아하는데, 자기주장에 맞지 않으면 아무 데서나 성질을 부리는데 다소 경솔한 면이 있다.

침착하고 인내하는 성정을 기른다면 크게 성공한다. 또 의외로 예술성(藝術性)이 강해 예체능(藝體能) 쪽으로 큰 성공을 할 수 있으니, 항상 수신(修身)함에 소홀함이 없어야 한다.

배우자 궁이 정인(正印)이라 배우자의 잔소리가 심하며 부부의 인연은 좋지 못하다. 서로 인내하는 노력이 반드시 필요하다.

④ 기미 일주(己未 日柱)

내성적이고 온순하며 보수적인 기질이 강하며 특히 일지(日支)가 비견(比肩)으로 개인의 주장이 강하고 고집이 세다.

때로는 지나치게 강한 고집이 괜한 걱정과 우환을 만들어 가정불화와 사업 실패로 이어질 수도 있으니 중용(中庸)의 미덕을 갖춤이 요구된다.

여자는 일지 미토(未土)가 간지동(干支同)이면서 정관(正官) 즉 남편의 묘지(墓地)가 되어 부부 운이 불리할 수도 있다. 따라서 자신의 주장을 좀 굽힐 줄 아는 중용(中庸)의 생활을 익히는 것이 좋다. 물론 중용은 남자에게도 해당된다.

⑤ 기유 일주(己酉 日柱)

만물이 풍부한 가을의 전원(田園)에 비유되는 기유는 총명한 두뇌에 학문이나 예술 등 한 분야에서 전문인으로서 성장할 수 있는 재능을 가지고 있다.

온순하고 예의도 발라서 대인관계도 원만하나 지나치게 조심하고 세심하므로 오히려 실패할 수도 있으니 주의를 요한다.

여자는 자식의 애정(愛情)이 지나쳐 남편을 무시할 수도 있으니 부(夫)와 자식과의 균형을 맞추는 노력이 필요하다. 남자는 처덕으로 치부(致富)하기도 한다.

⑥ 기해 일주(己亥 日柱)

일지(日支) 해가 천문성(天文星)으로 꿈이 잘 맞고 예지력이 뛰어나며 종교적인 감성의 소유자가 많다.

머리도 총명하고 실용적인 사고방식으로 매우 현실적인 삶을 살아가고 있는데, 성질이 좀 급한 면이 있어서 한 가지 일에 매진하지 못하는 경우가 많다.

인정이 많아 대인관계도 무난하며 또 여행(旅行)을 좋아하여 다니기를 좋아하고, 이사도 자주 하는 편인데 대체로 낭만적인 삶을 즐긴다. 따라서 생활이 불안정하여 고독할 수도 있으니 보다 여유로운 자세가 필요하다.

7) 경 천간(庚 天干)

경을 천간으로 하는 간지(干支)는 경자, 경인, 경진, 경오, 경신, 경술 6개이며 큰 쇠, 철광석(鐵鑛石), 광맥(鑛脈) 등의 양금(陽金)으로 윤토(潤土)로부터 생을 받으면 양질(良質)의 금이 된다.

또한 경은 계절로는 가을로 만물이 결실을 맺어 수확하는 즐거움과, 다음 세대에 재생산하기 위한 재생의 준비를 하는 기쁨도 수반하는 의미도 있다.

경금의 성품은 강직하고 의협심(義俠心)이 강하며 과단성이 있는 편으로, 한 가지 일에 집착하지 않고 항상 변화를 모색하는 특성이 있다.

① 경자 일주(庚子 日柱)

두뇌가 뛰어나고 사소한 것은 별 신경도 안 쓰고 매사를 크게 보는 대인의 풍모를 가지고 있으며 명예욕이 아주 강하다.

또한 솔직하여 할 말은 꼭 해야 직성이 풀리는 성격이며, 완벽한 일처리를 선호하는 편이나 때때로 현실보다는 이상을 추구하다가 실패하기도 한다.

참지 못하고 함부로 말을 하기 때문에 남들과 다툴 수도 있으니 주의를 요한다.

여자의 경우 남편과의 인연이 박(薄)하므로 전문적인 직업을 가짐이 좋다.

② 경인 일주(庚寅 日柱)

배짱과 포부가 큰 두령급(頭領級)의 풍모를 가지고 있으며 의리와 인정을 인간의 기본 도리라고 생각하며 꿈과 이상이 큰 사람이다. 따라서 주위 사람들을 잘 보살핌으로 해서 많은 사람들에게 추앙을 받는다.

기본적으로 살아가는 중에는 재물에는 큰 걱정이 없이 무난히 살아갈 수 있는데, 너무 조급하게 크게 이루려고 하다가 스스로 쉽게 싫증을 느껴, 낭패를 볼 수 있으니 항상 신중하게 운신(運身)함이 요구된다.

남녀 모두 배우자(配偶者)와의 인연은 박(薄)하다

③ 경진 일주(庚辰 日柱)

매사를 처리함에 추진력이 아주 뛰어나서 남들에게 상당한 신임을 받으며, 사소한 것에 연연하지 않는 포부가 큰 사람이다. 정의감도 강하고 대인관계의 수완도 능숙하며 보기에는, 온화한 인품으로만 보이지만 내면에는 강한 기질과 높은 이상을 가진 사람이다.

원래 경진은 괴강성(魁罡星)으로 우두머리의 별 중 하나인데, 너무 정확하고 완벽을 기하려는 의욕 때문에 주위와 마찰을 일으키기도 한다.

여자는 강한 성정으로 이혼할 수도 있으니 주의를 요한다.

④ 경오 일주(庚午 日柱)

용광로(鎔鑛爐)에 큰 쇠를 집어넣어 용기(用器)를 만들 듯이, 일의 추진력이 뛰어나고 대인관계를 하는 처세술(處世術)이 뛰어나다.

성품은 온순하며 경우도 밝고 욕망도 강하지만 끈질긴 기질이 부족하여 실패할 수도 있으니 인내하는 태도가 필요하다.

자신의 용모에 신경을 많이 쓰는 멋쟁이인데, 주색(酒色)으로 인해 망신당하기도 하니 항상 수신(修身)에 힘을 기울여야 한다.

남녀 모두 배우자로 인해 고통을 받을 수 있다.

⑤ 경신 일주(庚申 日柱)

경신 자체가 전체 무쇠 덩어리로 강하게 보이며, 내면으로는 고집은 좀 있지만 의외로 유순하여, 타인에 대한 배려심도 있고 인정이 있어 대인관계가 좋다.

간지동(干支同)에 역마살(驛馬殺)을 가지고 있어 방랑기도 있고 부부의 인연도 박(薄)하지만 종교에 심취함으로서 고비를 넘길 수도 있다.

경신일에 자지 않고 기도하든지 놀며 밤을 새우면, 수명(壽命)이 단축되지 않는다고 믿었던 고사(古事: 庚申守夜)가 있을 만큼 경신은 종교성이 강하다.

⑥ 경술 일주(庚戌 日柱)

경술은 괴강(魁罡)이며 천문성(天文星)으로 영감(靈感)이 뛰어나고 강한 추진력으로 일 처리를 하는 능력은 타의 추종을 불허한다.

다소 보수적이고 내성적인 성격 때문에 너무 강하게 밀어붙여 오히려 쉽게 좌절하여 중도에 포기하기도 하는데, 적극적이며 유연한 자세가 요구된다.

괴강의 우두머리 기질의 특성상 대충 넘어가지를 못하고 자신의 잣대로 지나치게 정확과 바름을 추구하다가 실패할 수도 있다.

특히 여자는 지나친 고집이 부부 인연을 망칠 수 있으니 자중함이 좋다.

8) 신 천간(辛 天干)

신을 천간으로 하는 간지(干支)는 신축, 신묘, 신사, 신미, 신유, 신해의 6개로 음금(陰金)을 의미하는 보석(寶石), 주옥(珠玉) 등에 해당된다.

경금은 불에 녹여 물건을 만드는 데 비해 신금은 물로 씻어야 광택(光澤)이 나며 그 진가(眞價)를 발휘한다.

또 신금은 세상에서 귀한 주옥(珠玉)에 해당되니 학문의 주옥(珠玉)인 문예, 의학, 종교, 교육 등과 인연(因緣)이 깊다.

매사를 신중하고 세심하게 처리하는 능력이 뛰어난 사람이 많다. 그러나 미리 걱정을 하여 마음에 의혹(疑惑)을 남기므로 오히려 실패하기도 한다. 신중함도 필요하나 대범하게 생각하는 사고(思考)가 반드시 필요하다.

① 신축 일주(辛丑 日柱)

온순하고 착한 성품을 가지고 있으며 계획한 일을 추진하는 능력이 뛰어나다.

생활도 대체적으로 근면하고 성실한 편이나 성정(性情) 자체가 냉정한 면이 있어 사람들에게 차가운 인상을 주기도 한다. 또한 지나치게 정확하고 확실함을 추구하다 보니, 대인관계에서 모가 나 사람들과 갈등을 유발하기도 한다.

그리하여 사색하고 비판하는 뛰어난 능력을 자신이 전공하는 학문이나 예술 쪽에 연관시켜 전념한다면 크게 성공을 할 수 있다.

② 신묘 일주(辛卯 日柱)

성품이 유순하며 부드러운 인상을 가지고 있지만, 의외로 내면에는 집념(執念)으로 뭉쳐진 강한 기운이 넘치고 있으며 개척정신이 뛰어나다. 따라서 일에 몰두하면 어지간한 난관(難關)에 봉착해도 집념으로 밀고 나가는, 저력이 있어 결국에는 성공하기도 한다.

사람들과의 관계에서도 인정(人情)이 많아 유정한 편이며 남을 잘 도와주기도 한다.

항상 연구하고 공부하는 것을 좋아한다.

③ 신사 일주(辛巳 日柱)

여름철의 반짝거리는 보석처럼 화려함과 멋 부리기를 좋아하는데 매우 낭만적이다.

성정(性情)은 총기 있고 유순하며 원만한 대인관계로 사람들에게도 인기가 있다.

자존심 또한 강하여 강직한 성품의 소유자가 많고 예술(藝術)이나 전문기술에 대한 관심도 많아서 그 분야에서 성공하기도 한다.

또 인생관이 대체적으로 낙천적이어서 낭만적인 삶을 영위하고 있는데, 한 가지 단점은 결단력이 부족하여 일을 그르치기도 한다는 것이다.

④ 신미 일주(辛未 日柱)

신미 일주는 사소한 일에도 매우 적극적인 사고방식으로 임하는데, 남에게 지기 싫어하는 애착심 또한 매우 강하다.

따라서 자존심이 강하고 성질도 좀 까다로운 편으로, 대인관계에서 서로 친하게 지내려면 시간이 걸리고 다소 어려움이 따르지만, 한번 마음을 열고 사귀면 별로 변함이 없고 의외로 인정이 많다.

땅속에 재물(財物)의 창고인 재고(財庫)를 묻어 둔 격으로 증권, 부동산 등의 이재(理財)에 놀라운 재주가 있어 대체적으로 부자가 많다.

⑤ 신유 일주(辛酉 日柱)

주삿바늘과 예리한 칼날로도 형상화되는 신유는, 예리하고 냉정한 성격의 소유자가 많은데 의외로 속마음은 인정이 많다.

냉정함 속에서도 단정하고 정확한 생활습관을 지키는 사람으로 자존심이 강하다.

명예욕과 승부욕 또한 강해 남에게 지기를 싫어하는데, 예체능(藝體能)에 대한 이해와 조예(造詣)가 있어 꾸준히 정진하면 크게 성공한다.

신유는 간지동(干支同)이라 역학(易學)의 이론에서 볼 때는 부부 궁이 좋지 않다고 보는데 현대는 여자도 일을 많이 하는 관계로 크게 문제되지 않는다.

⑥ 신해 일주(辛亥 日柱)

총명한 두뇌와 뛰어난 지혜(智慧)는 타의 추종을 불허할 정도이고, 인정이 많아 남들에게 베풀기도 잘하며 대인관계가 다양한 사람이다.

성품 자체는 맑고 깨끗하며 다재다능(多才多能)한 재주를 가졌는데, 체질적으로 병약(病弱)할 수 있으니 항상 건강을 우선시해야 한다.

따라서 신경이 예민해져서 신경질을 잘 내며 고독할 수가 있다.

특히 여자는 신해가 고란살(孤鸞殺)에 해당되어 고독(孤獨)할 수가 있는데 스스로 밝은 사고(思考)를 가짐이 좋다.

9) 임 천간(壬 天干)

임을 천간으로 하는 간지(干支)는 임자, 임인, 임진, 임오, 임신, 임술의 6개로 임수는 양수(陽水)로서 큰 물인 바닷물, 강물 등에 해당되며 생명의 근원(根源)인 물은 음(陰)의 중심이 된다.

어디든지 스며드는 물의 특성상 임수는 원만한 성정(性情)으로, 많은 사람들과 어울릴 수가 있으며 어떠한 경우라도 조화로운 처신을 한다.

또한 임수는 조화(調和)와 지혜(智慧)의 상징이며 덕(德)이 있어 많은 사람들에게 존경을 받으며 태양처럼 빛남을 좋아한다.

① 임자 일주(壬子 日柱)

지혜의 상징인 수기(水氣)가 강하다 보니 총명하기는 당연하고 어떤 환경에서도 적응하는 능력이 뛰어난 강인한 사람이다.

체질적으로 강한 정신력과 체력을 가지고 있으므로, 매사를 처리하는 능력이 뛰어나며 사람들 위에 군림하려는 욕망 또한 강하다.

따라서 대인관계에서 남들에게 미움을 받을 수도 있기 때문에 강한 기질을 좀 다스릴 필요가 있다.

특히 임자는 양인살(羊刃殺) 중에도 일인(日刃)에 해당되어 남녀 모두가 사소한 이유로 손재(損財), 횡액(橫厄), 이별(離別) 등의 아픔을 겪을 수 있기 때문에 수양(修養)이 필요하다.

② 임인 일주(壬寅 日柱)

봄날 호수의 잔잔한 물처럼 인품(人品)이 고상하며 낙천적(樂天的)이고 인간관계도 원만하다.

머리가 총명하고 꿈과 이상이 크며 또한 매사를 처리함에 있어서, 완급 조절을 잘하는 매우 긍정적인 사고방식으로 살아가는 사람이다.

부지런하며 동정심이 강해 사람이나 동물에 대해 느끼는 정(情)이 남다르게 강하며 불쌍한 사람을 보면 그냥 지나치지를 못하고 베풀기를 좋아한다.

때때로 지나친 의욕으로 실패할 수도 있으니 주의한다.

③ 임진 일주(壬辰 日柱)

강력한 괴강성(魁罡星)의 하나인 임진은 꿈과 이상이 높고 두령(頭領)의 기질이 있어 결단력과 추진력이 대단하다.

항상 자부심이 넘치는 인생을 살아가려 하는데 조금 잘못되는 순간, 그 자만심이 오히려 자신을 망치는 큰 원인이 되기도 한다.

남녀 모두 지나치게 깔끔하게 살려 하고 너무 정확하게 살려 하니, 사회생활에서도 타인과 충돌할 수 있으며 특히 부부 생활에서도 충돌이 많다.

사고(思考)를 유연하게 하는 자신의 수양(修養)이 절대적으로 필요하다.

④ 임오 일주(壬午 日柱)

한여름의 시원한 강가에서 유유자적(悠悠自適)하고 있는 형상으로 심성이 착하다. 또 지혜롭고 언변(言辯)도 뛰어나서 대인관계에서도 별 다른 문제는 없는데, 때때로 줏대 없는 행동으로 인해 좋은 사이를 망칠 수도 있으니 주의를 요한다.

임오는 자체 음합(淫合)으로 항상 마음이 바쁘고 허영심이 강하며, 남녀 모두 색정(色情)으로 인한 문제가 발생할 수 있다.

따라서 매사(每事)에 사려(思慮) 깊은 처신을 하는 수양(修養)이 필요하다.

⑤ 임신 일주(壬申 日柱)

일지(日支)의 편인(扁印)이 작용을 했을까? 기술과 예술적인 부분에서 뛰어난 소질이 있으며 임기응변이 뛰어나다.

성품 자체도 어질고 총명하며 매사 일 처리를 속전속결로 매듭을 짓고,

추진력(推進力)이 뛰어나다.

특히 사람을 다루는 능력(能力)이 뛰어나서 사람이 많이 따르지만, 너무 지나치게 자신의 입장에서만 생각하면 모든 것을 잃을 수도 있으니 주의가 필요하다.

여자의 경우 영감(靈感)이 뛰어나다.

⑥ 임술 일주(壬戌 日柱)

일지(日支)가 재물(財物)의 창고(倉庫)가 되니 부동산이나 돈의 흐름에 밝은 사람으로 부자(富者)로서의 자질을 많이 가지고 있다.

머리도 총명하며 매사 적극적으로 사회 활동도 하는데 남에게 지는 것을 싫어하며 항상 남들 위에서 노는 것을 좋아한다.

또 임술은 괴강성(魁罡星)이라 사주가 나쁘면 괴강의 나쁜 특성인, 좀 까다롭고 괴팍스러운 성정(性情)도 가지게 되는데 많은 수양(修養)이 필요하다.

여자의 경우 남편을 무시하는 경향이 있어 부부의 인연이 박(薄)할 수 있으니 성질을 죽이는 인내가 필요하다.

10) 계 천간(癸 天干)

계를 천간으로 하는 간지(干支)는 계축, 계묘, 계사, 계미, 계유, 계해의 6개로 음수(陰水)로서 빗물, 이슬 등에 해당되며 만물을 생육(生育)하는 근원(根源)이 된다.

특히 을목으로 대변되는 초목(草木)은 계수가 없이는 절대적으로 자랄

수가 없다.

계수(癸水)의 성정(性情)은 매사를 심사숙고(深思熟考)하여 처리하는 능력이 뛰어나고 많은 재능(才能)을 가지고 있다.

그러나 좀 세심한 면도 있어 일을 처리하는 과정에서 자기 성질 때문에 다른 사람들과의 조화를 상실하는 우(憂)를 범하기도 한다.

① 계축 일주(癸丑 日柱)

스산한 한겨울의 비가 봄을 기다리는 형상(形像)으로 내면적으로는 나아가려는 격정(激情)이 충만한 모습이다.

성품은 온순하며 영리하며 착실히 하나하나 순차적으로 이루려고 노력을 많이 하는데 다른 사람들과의 처세(處世)에서도 무난하다.

계축은 또 백호살(白虎殺)에 해당되어 교통사고나 횡액(橫厄), 질병(疾病) 등에 각별히 주의해야 하며 중년 이후에는 성인병 등에 특히 유의해야 한다.

② 계묘 일주(癸卯 日柱)

초목을 비롯한 만물의 생명수로서 성장과 번성(繁盛)의 요체(要諦)가 되는 계묘는 총명한 두뇌와 진취적인 사고(思考)의 소유자이며, 술수(術手)를 사용하지 않고 정도(正道)로서 인생을 살려고 하는 사람이다.

또 마음도 어질고 봄비처럼 감성이 묻어나는 낭만(浪漫)을 즐기는 성격으로, 편법(便法)으로 출세하는 것을 싫어한다.

따라서 자신의 본래의 성정(性情)을 뛰어넘어 무리한 색정(色情)에 빠지거나, 지나친 욕심을 부리면 마음과 몸을 다칠 수 있다.

차 한 잔으로 떠나는 작명 여행

③ 계사 일주(癸巳 日柱)

초여름의 이슬비에 해당하는 계사는 총명한 두뇌(頭腦)를 가지고 있으며, 독창성(獨創性)을 가지고 매사를 처리하는 능력 있는 사람이다.

대인 관계도 원만하며 주위 사람들과의 처세(處世)도 비교적 잘하는 편이나, 성질이 급한 면이 있고 주관(主觀)의 일관성(一貫性)이 부족하다.

따라서 자기 비위를 거스르거나 자신의 취향(趣向)에 맞지 않으면, 순식간에 표변(豹變)하여 성질을 냄으로서 주위를 피곤하게 한다. 조급한 성질을 참아 내는 수양(修養)이 반드시 필요하다.

④ 계미 일주(癸未 日柱)

늦은 여름의 이슬비인 계미는 열매를 영글게 하는 소임을 하는데, 성정(性情) 역시 부드럽고 책임감이 강하며 총명하다.

대인관계에서도 무난하게 처세(處世)를 잘하지만 내면으로는 자만심에 취해 간혹 상대를 무시하는 경향이 있어 자중함이 필요하다.

자기의 주장이 강해 밀고 나가는 성격은 절대 나쁜 것은 아니지만, 막무가내로 고집을 부려 성사(成事)시키려고 하는 기질은 주의가 요구된다. 따라서 인내(忍耐)하는 수양(修養)이 필요하다.

⑤ 계유 일주(癸酉 日柱)

가을에 내리는 비는 정취(情趣)가 남다르게 낭만적이기 때문일까? 계유 일주는 낭만(浪漫)과 사색(思索)하는 것을 즐기며, 문학(文學)을 좋아하고 예술적인 조예(造詣)가 뛰어나다.

더욱이 성취욕(成就欲)이 강해서 한 분야에 몰입하면 엄청난 노력을 하여 크게 성공하기도 한다.

성품(性品)도 유순하고 남을 위한 봉사도 많이 하고 희생(犧牲)도 감수하면서 베풀기도 하지만 돌아오는 공(功)이 적을 때가 많다.

⑥ 계해 일주(癸亥 日柱)

머리가 뛰어나게 총명(聰明)하고 부드러운 성품과 자상한 심성(心性)을 가지고 있으며 기상이 씩씩하다.

또한 예지력(豫知力)이 뛰어나고 추진력이 강력해서, 여러 가지 고난을 이겨 내고 자수성가(自手成家)로 성공하는 경우가 많다.

그러나 우선의 욕망(慾望)에 심취하여 맹목적(盲目的)이고 성급한 판단을 결행함으로서 실패하기도 함으로 주의를 요한다.

배우자와의 인연(因緣)이 박(薄)하여 변할 수도 있다.

② 띠(地支)로 보는 성정(性情)

옛날에는 거의 중매결혼을 했기 때문에 우선 남자의 사주단자(四柱單子)를 여자 쪽에 보내서 서로의 궁합(宮合)을 맞추어 보고 나서 결혼 여부를 판단했다.

궁합이 맞는 조건으로는 여러 가지 있겠지만, 우선적으로 중시한 것이 서로의 띠가 원진살(怨嗔殺)에 해당되는가 하는 문제였다. 12개의 띠가 2개씩 서로 원진이 되는데 서로의 띠가 원진 관계에 있다면 사주를 보기 전에 파혼이 되었다. 서로 미워하고 원망한다는 원진살이 실제로 작용을 하는지는 생각해 볼 문제이다.

또 12개의 띠 즉 12지지(地支)는 불교와도 깊은 관계를 가지는데, 약사여래(藥師如來) 부처님의 12대원(大願)을 수호하는 신장(神將)으로서의 역할도 맡고 있다.

따라서 각 띠끼리의 원진(怨嗔) 관계와 약사 12신장의 소임을 알아보고, 또 각 띠가 상징하는 동물들의 특징을 중심으로 해당되는 띠를 살펴보는 것도 그 사람의 성정(性情)을 대강이나마 유추해 보는 하나의 잣대가 될 것이다.

60개의 분류로 살펴보는 일주론(日柱論)과는 또 다른 측면에서 그 사람의 내면의 세계 일부와 성품(性品)을 알 수 있다는 점에서 좋은 참고가 될 것이다.

1) 쥐띠(子)

12지지(地支)에서 수위(首位)를 차지하는 쥐띠(子)는 부지런하고 직감력이 뛰어나며, 약사 12신장(藥師十二神將) 중의 궁비라대장(宮毗羅大將)에 해당되며 내 몸과 남의 몸에 광명이 있도록 정성을 다하는 신장이다.

그래서일까? 인간을 위한 모든 약(藥)들의 실험이 쥐를 통해서 이루어져 왔고, 지진(地震)이나 배의 침몰(沈沒) 등의 천재지변을 미리 예견(豫見)하는 예지능력을 쥐는 가지고 있다.

밤중에 난 쥐띠는 잘 산다는 속담이 있는데 아마도 밤에 활동을 많이 하는 쥐의 습성을 유추하여 한 말일 것이다.

양띠와는 원진(怨嗔)이 되는데 양의 대변이 쥐의 몸에 묻으면 살이 썩기 때문에 쥐가 싫어한다고 한다.

2) 소띠(丑)

약사 12신장(藥師十二神將) 중의 벌절라대장(伐折羅大將)에 해당되며, 덕이 높아 중생을 모두 깨우치려는 소망을 담고 있는 소는 동북방을 지키는 수호신이다.

옛날의 농경사회에서 소는 절대적으로 필요한 재산 1호였으며, 살아서는 노동과 우유를 제공하여 인간에게 봉사하고 죽어서는 고기로도 봉사하는 귀한 동물이다.

온순하고 성실하며 우직(愚直)한 소는 힌두교에서는 아직도 성우(聖牛)로서 신성시하여 함부로 대하거나 죽이는 것을 금하고 있다.

옛날 중국의 제갈량(諸葛亮)은 군사를 움직일 때 농사를 짓는 둔전병(屯田兵)도 같이 움직이었는데, 이때 농사짓는 소와 전투하는 말은 절대 같은 쪽에 거주시키지 않았다.

그것은 소와 말은 원진으로 서로 같이 있으면 눈꼴이 사나워져 싸우기 때문이다. 그래서 소는 동북방, 말은 남방에 축사(畜舍)를 지어 따로 관리를 했다.

3) 호랑이띠(寅)

약사 12신장(藥師十二神將) 중의 미기라대장(迷企羅大將)에 해당되는 인신(寅神)은 욕망에 만족하며 결핍(缺乏)하지 않게 하려는 소망을 담고 있다.

인(寅)은 범, 호랑이라는 뜻 말고도 몸가짐을 조심하다, 삼가다는 의미도 있는데, 백수의 왕답게 한국의 호랑이는 먹이 활동을 하면서도 죽은 사람이나 병든 사람, 임산부는 해치지 않고 오히려 선행을 베풀었다고 전해지기도 한다.

'호시탐탐(虎視眈眈)'이라는 말이 있다. 이 말은 호랑이가 위풍당당한 자세로 예리한 안광(眼光)을 뿌리면서 주위를 둘러보는 것인데, 먹이 활동을 할 때도 치밀하고 빈틈이 없다. 또 자기 굴에 들어갈 때도 뒷걸음질로 들어가면서 불시의 사태에 대비한다.

밤에 주로 활동하는 호랑이는 닭이 우는 새벽이 되면 자기 굴로 돌아가는데 그래서 인(寅)과 유(酉)는 원진이 된다.

4) 토끼띠(卯)

약사 12신장(藥師十二神將) 중의 안저라대장(安底羅大將)에 해당되는 묘신(卯神)은 일체 중생이 대승(大乘) 불교를 믿게 하려는 소망을 가지고 있다.

남을 공격하는 수단을 갖추지 못한 토끼는 지상(地上)에서 평화를 상징하는 동물의 하나이다.

토끼의 방어 수단은 멀리서 들리는 작은 소리도 들을 수 있는 큰 귀와 바닥을 울려 적을 위협하며 빨리 달리는 긴 뒷다리이다.

항상 약자(弱者)의 입장으로 민화(民話) 등에 등장하는 토끼는 번식력이 강하고 영리하기로 유명한데 토끼가 다니는 굴의 통로는 하나가 아니라고 한다.

그래서 사냥꾼들도 토끼 발자국을 보고는 좀체 잡지 못한다고 하는데, 또 토끼가 다니는 굴과 원숭이가 다니는 굴이 달라서 묘(卯)와 신(申)은 원진이 된다.

5) 용띠(辰)

약사 12신장(藥師十二神將) 중의 안비라대장(安備羅大將)에 해당되는 진신(辰神)은, 일체 중생이 깨끗한 업(業)을 지어 모든 계율을 지키게 하는 소망을 담고 있다.

12지지(地支) 중에 유일하게 실존하지 않는 상상의 동물인 용은, 동서를 막론하고 고대 설화에 자주 등장하는데 이것을 보면 전혀 허상만은 아닌 것 같다.

지금도 전국의 지명(地名)에 용 자(龍字)가 들어간 곳이 많이 있으며, 용에 대한 설화(說話)가 많이 있는 것을 보아도 결코 상상의 동물만은 아닌 것 같다.

풍수지리에서도 태양이 떠오르며 서기(瑞氣)가 충만한 동쪽을, 청룡(靑龍)에 안배할 정도로 백수(百獸)의 왕 중에 왕인 용을 우대했다.

가뭄에 비를 기다릴 때 비를 내려 주고 간절한 소망을 빌면 이루게 해주는 등, 용은 위대하고 선(善)한 존재로 지금도 인식되고 있으며 돼지(亥)와 원진이 된다.

차 한 잔으로 떠나는 작명 여행

6) 뱀띠(巳)

약사 12신장(藥師十二神將) 중의 산다라대장(珊底羅大將)에 해당되는 사신(巳神)은 일체의 불구자(不具者)의 근(根)이 완치되는 소망을 담고 있다.

성경에 보면 "뱀처럼 지혜로워라"라고 하면서 뱀을 지혜의 상징으로 보는데 실제로 뱀은 발과 털이 없으면서도 나무나 땅속, 물속에서도 살 수 있는 지혜(智慧)를 가지고 있다.

또 뱀은 동면(冬眠)하는 동물로 겨울의 4개월 정도 죽은 듯이 있으면서, 자연의 순리에 순응하기도 하며 때가 되면 스스로 허물을 벗어 자기 혁신을 꾀하기도 한다.

우리의 민속설화(民俗說話)에서도 자주 등장하는 뱀은 지혜와 혁신의 상징 외에도 부(富)의 상징으로도 보는데, 옛날 중국에서는 뱀을 재물의 신(財神)으로 숭배하기도 했다. 개 짖는 소리를 싫어하여 개와 뱀은 원진이 된다.

7) 말띠(午)

약사 12신장(藥師十二神將) 중의 인다라대장(因達羅大將)에 해당되는 오신(午神)은 심신(心身)이 안락하여 부처의 깨달음을 얻게 하려는 소망을 담고 있다.

역사를 보면 말은 항상 인간과 삶을 같이해 왔는데, 그것은 아마도 옛날의 전투에 절대적으로 필요한 빠른 기동성과 강한 근력(筋力)을 가졌기 때문이었다.

그리고 또 하나 가장 중요한 것은 주인을 위해서라면, 목숨도 바치는 절대로 변하지 않는 충성심(忠誠心)이라 할 수 있는데, 주인을 위해서 죽은 말에 대한 이야기는 지금도 많이 전해 오고 있다.

옛날에는 말띠 여자는 기가 세다고 하여 결혼하기가 좀 어려웠다. 특히 병오생(丙午生)은 백말띠라고 하여 결혼을 아예 포기하거나 나이 차이가 많은 사람과 결혼하기도 했다. 소띠와 말띠는 같이 있으면 충돌하므로 원진이 된다.

8) 양띠(未)

약사 12신장(藥師十二神將) 중의 파이라대장(跛伊羅大將)에 해당되는 미신(未神)은 일체의 여인이 남자가 되게 하려는 소망을 담고 있다.

유목민들에게 양은 생활하는 데 절대적으로 필요한 귀중한 자산으로 취급되고 있는데 양은 버릴 것이 없다. 양젖과 고기는 주식(主食)이 되고 가죽과 털은 종이(羊皮紙)와 옷감으로 변신하여 인간에게 봉사하고 뿔은 한약재로 조제(調製)되어 병자(病者)를 살리니 그야말로 양은 버릴 것이 없다.

특히 양털로 만든 붓은 양호필(羊毫筆)이라 하여 붓 중에도 최고급으로 취급(取扱)되고 있다. 온순하여 희생물이나 제물(祭物)로 바쳐진 양에 대해서 성경(聖經)에 500회 이상 나오는 것을 보면 속죄양(贖罪羊)으로 비유되는 예수의 성정(性情)을 알 수 있을 것 같다. 쥐띠와 원진이 된다.

차 한 잔으로 떠나는 작명 여행

9) 원숭이띠(申)

약사 12신장(藥師十二神將) 중의 마호라대장(麻呼羅大將)에 해당되는 신신(申神)은 부처님의 바른 지견(持見)을 포섭하려는 소망을 담고 있다.

도가(道家) 계통의 수행법(修行法) 중에 6경신(庚申)이라는 것이 있는데, 이것은 6번의 경신일 동안에 종일 잠을 자지 않으면 도(道)가 트여서 만사가 이루어진다고 한다.

또 조선시대에도 성행하였던 경신수야(庚申守夜)에도 경신일에 잠을 자지 않으면, 수명(壽命)이 줄어들지 않는다고 왕부터 솔선수범으로 시행을 했는데, 신(申)은 한 마리 동물이기 전에 인간을 보호하는 정령(精靈)이 깃든 수호신의 하나가 아니었을까?

단장(斷腸)이란 말은 잃어버린 새끼를 찾아 천 리 길을 달려온 어미 원숭이가, 탈진해서 죽었을 때 창자가 갈가리 끊어져 있었다고 하여, 매우 큰 슬픔을 표현하는 말이다. 모성애와 동료애가 강하고 기교가 뛰어난 원숭이는 토끼와는 원진이 된다.

10) 닭띠(酉)

약사 12신장(藥師十二神將) 중의 진달라대장(眞獱羅大將)에 해당되는 유신(酉神)은, 나쁜 왕이나 강도 등의 고난으로부터 일체 중생을 구제하려는 염원을 담고 있다. 우리 조상들은 닭을 영물(靈物)로 보고 결혼식에 닭을 상에 올리거나 폐백(幣帛) 시에도 사용하기도 했다.

수탉의 경우 처자식에 대한 애정이 깊어 먹이를 보면 꼭 나누어 먹고,

이웃의 수탉으로부터 가족을 보호하기 위해 싸움도 마다않는 용기가 아마도 닭을 결혼식에 불러내는 영광을 안겨 준 것은 아니었을까?

머리의 벼슬은 문(文)이고 발톱은 무(武), 적을 보고 용감히 싸우는 것은 용(勇), 먹을 것을 놓고 서로 부르는 것은 인(人), 여명(黎明)이 되면 정확히 때를 알려 주는 것은 신(信)이라고 하면서 닭의 5덕(德)을 칭송한 옛 선현들의 말이 아니라도 닭은 인간에게 실로 많은 도움을 주고 있다. 호랑이띠와 원진이 된다.

11) 개띠(戌)

약사 12신장(藥師十二神將) 중의 초두라대장(招杜羅大將)에 해당되는 술신(戌神)은 일체 중생의 기갈을 면하게 하고 배부르게 하려는 염원을 담고 있다.

옛날 변방을 지키는 경비병으로 가는 것을 "수자리 살러 간다"라는 말을 했는데 이 수자리라는 말이 개를 말하는 술(戌)의 의미였다.

또 사람의 3천 배나 되는 후각(嗅覺)으로 인하여 안내를 비롯한 다양한 탐지(探知) 기능을 하여, 인간에게 다양한 분야에서 도움을 주기도 하면서 가축(家畜)으로서 사람과 오랜 세월 삶을 같이 해 왔다.

이렇게 오랜 세월 같이하게 된 이유는 주인에 대한 충성심 때문인데, 개에 얽힌 충성 이야기는 동서양 어디에서나 많이 전해지고 있다.

불교에서는 사람이 죽으면 개로 환생(還生)하는 경우가 가장 많아 사람과 동일시하고 있다. 개띠와 뱀띠는 원진이 된다.

12) 돼지띠(亥)

약사 12신장(藥師十二神將) 중의 비갈라대장(毘羯羅大將)에 해당되는 해신(亥神)은 가난하여 의복이 없는 이에게 훌륭한 옷을 얻게 하려는 염원을 담고 있다.

석기시대 유물 중에 돼지 뼈가 많이 발견되는 것을 보면, 인간이 기른 가축 중에 최초의 것이 돼지일 가능성이 아주 많다.

옛날 신(神)에게 제사 지낼 때 돼지는 항상 제물(祭物)로 바쳐졌기에, 예로부터 길(吉)한 짐승으로 취급되어 왔고, 돼지날(亥日)에 담근 술을 삼해주(三亥酒)라 하여 이 술을 마시면 좋은 일이 생긴다고 믿어 많이 마시기도 했다.

또 여자들이 얼굴이 고와진다고 하여 돼지날에 콩을 물에 불려 세수를 한다거나, 돼지꿈을 꾸면 부자가 된다고 믿는 등, 지금도 돼지는 유익한 동물로 우리와 같이 살아가고 있는 것이다.

원래 돼지가 하늘에서 용하고 같이 살 때, 용(辰)이 못난 돼지와 코가 닮았다고 미워하여 용과는 원진(怨嗔)이 된다.

경신 수야(庚申 守夜)

　도교(道敎)에서는 60일에 한 번 오는 경신일(庚申日)에는 우리 몸속에 살고 있는 삼시충(三尸蟲)이 사람이 잠든 틈을 이용하여 몸 밖으로 빠져 나와 하늘의 옥황상제(玉皇上帝)에게 가서 그 사람이 평소에 지은 죄를 일일이 보고한다고 한다.

　보고한 결과에 따라 수명(壽命)을 단축시키므로, 이 날은 잠자지 않고 술을 마시고 놀든지 공부를 하든지 하면서 밤샘을 하는 풍습이 있었다.

　『고려사』, 『용비어천가』, 『조선왕조실록』 등에 보면 고려 원종 6년(1205년) 4월의 경신일에 태자가 밤새워 연회를 베풀고 놀면서 자지 않았다는 기록이 있다.

　조선시대에 들어와서도 태조를 비롯한 역대 임금들도 경신 일에 잠을 자지 않고 이 풍습(風習)을 지켰는데 좀체 없어지지 않았다고 한다.

　이에 전국의 유생(儒生)들과 사대부들이 온밤을 술에 취하여 난잡하게 가무를 즐기면서 온갖 추태(醜態)를 부리는 경신수야는 나쁜 풍습이니 철폐할 것을 수십 차례 간언(諫言)하였으나 없어지지 않았다.

　그러다가 영조 35년(1759년)에는 경신일에 연회를 베풀면서 술 마시고 춤추고 노는 것은 금하고, 경전을 읽고 염불을 외우면서 계속 경신일의 밤을 지키게 하였다.

도교(道敎)는 중국의 후한시대(25~220년) 말기에 오두미도, 천사도를 세운 장도릉(34~156년)을 시조로 하는데 신선사상(神仙思想)과 중국의 민간신앙(民間信仰)이 합쳐서 만들어진 종교이다.

신선사상을 기본으로 하여 음양오행(陰陽五行), 주역(周易), 불로장생(不老長生), 의학, 연금술(鍊金術) 등을 익히고, 다양한 신비적인 방술(方術)을 수련하는데 궁극에는 신(神)의 경지인 진인(眞人), 신인(神人), 선인(仙人)이 되는 것을 목표로 하고 있다.

지금도 도교 계통의 기도나 수행(修行)을 하는 사람들은 경신일을 6번 수야(守夜)하는, 즉 6경통(六庚通)을 하면 도를 터득하는 것으로 믿고 수행 정진하고 있다.

아무튼 경신(庚申)은 새롭게 고친다는 의미의 갱신(更新)과 닮았고, 경신이라는 간지 전체가 큰 쇠라 귀신이 싫어한다는 것이 수야(守夜)의 이유인 것 같다.

또 신(申)이 역마살이면서 부처의 의미도 있기 때문에 60갑자 중에 유일하게 경신일에만 수야(守夜)하는 것이 허용된 것은 아니었을까?

제4장

한글오행(五行)

1 음령오행(音靈五行)

웃음과 울음이라는 말은 그 의미가 전달되기 전에 벌써 소리로써 기쁘다, 슬프다 하는 인식을 우리의 의식 속에 각인시키는데, 불리는 이름 또한 마찬가지로, 그 이름의 의미가 전달되기 전에 우선 소리(音靈)로써 그 사람의 이미지가 전달된다.

이름을 부를 때 소리 나는 닿소리를 인체의 구조에서 나오는 음(音)으로 분류하여, 오행에 배속시키는 소리오행(五行)은 이름을 구성하는 요소로서 매우 중요하다.

역시 중화(中和)와 상생(相生)을 중시하는 사주학(四柱學)의 근본 이론(理論)에서 본다면 당연히 상생이 좋다. 그러나 상생(相生)이 좋고 상극(相剋)이 나쁘고 합(合)이 좋고 충(冲)이 나쁘다는, 사주의 교과서적인 이론에 얽매여 음령오행(音靈五行)의 상생만을 고집하여 작명을 한다면 낭패를 볼 수도 있다.

목과 토는 상극이지만 나무는 흙이 없이는 살 수가 없다. 또한 금과 화는 상극이지만 쇠는 용광로에 넣어 형태를 만들어야 그 진가(眞價)를 발휘한다.

이처럼 상극이 되는 기운도 적당히 조율을 함으로써 서로에게 유익한 존재가 되는데, 극이라고 무조건 나쁘다고 하는 것은 숲을 보고 나무를 못 보는 우(愚)를 범하는 것과 다름이 없다.

예를 들어 겨울에 태어난 사주의 경우 불이 절대적으로 필요하다. 이때 큰 나무인 얼은 통나무쯤 되는 갑목(甲木)이 있고, 조그만 아궁이가 되는 정화(丁火)만 있다면 목생화로 불은 잠시 붙을지 모르나 나무가 너무 크

차 한 잔으로 떠나는 작명 여행

고 얼어 있어서 불은 곧 꺼지고 만다. 결국 필요한 온기는 얻지 못하는데, 이때 경금(庚金)이라고 하는 도끼가 있다면, 얼은 갑목을 쪼개서 화로에 넣으므로 불을 붙여 냉한 사주 전체의 온기를 충당할 수가 있다. 따라서 갑과 경은 서로 극을 하지만 쪼개는 노력과 쪼개지는 아픔으로 서로의 역량을 충분히 발휘하면서 서로를 살리고, 또 화로(火爐)의 불을 쉽게 살려 결국 사주 전체를 살리게 된다(벽갑인정, 劈甲引丁).

주역(周易) 64괘 중 최상의 괘 중 하나인 수화기재(水火既齋)는 서로 극이 되는 수와 화의 세력이 잠시도 소홀함이 없이 긴장하여 서로 평준하게 양립할 때를 나타내는 괘(卦)이다.

따라서 무기력하고 나태한 사람에게는 적당한 충격을 가함으로 긴장을 유발시켜 분발시킬 수 있듯이 충이나 극이 무조건 나쁘지는 않다.

요컨대 음령오행의 상생(相生)의 틀에 무조건 맞추어서 작명을 하는 것은 좋지 않으며 전체적인 조화(調和)를 중시하는 작명을 해야 한다.

② 음령오행의 분류(전통적으로 사용된 분류)

목 : ㄱ ㅋ ㄲ   (牙音, 角音. 어금닛소리)

화 : ㄴ ㄷ ㄹ ㅌ   (舌音, 徵音. 혓소리)

토 : ㅇ ㅎ   **(喉音, 羽音. 목구멍소리)**

금 : ㅅ ㅈ ㅊ   (齒音, 商音. 잇소리)

수 : ㅁ ㅂ ㅍ   **(脣音, 宮音. 입술소리)**

③ 음령오행의 새로운 분류
(『훈민정음 해례본』에서 나온 분류)

목 : ㄱ ㅋ ㄲ

화 : ㄴ ㄷ ㄹ ㅌ

토 : ㅁ ㅂ ㅍ　　　　　(脣音, 宮音. 입술소리)

금 : ㅅ ㅈ ㅊ

수 : ㅇ ㅎ　　　　　(喉音, 羽音. 목구멍소리)

음령 즉 발음의 오행은 전통적으로 성명 글자의 초성(初聲)에만 적용시켜 오행의 상생과 상극을 기준으로 길흉을 판단하는데, 최근 일부 성명학자들은 받침이 되는 종성(終聲)까지 오행으로 분류하여 적용시키기도 한다.

성명의 초성만 적용하면 상생과 상극이 분명하여 판단의 기준도 확연한데 종성까지 참조한다면, 초성은 상생으로 길한데 종성은 상극으로 흉한 경우나 아니면 정반대의 경우도 발생하므로 판단의 기준이 모호해질 수가 있다.

또한 오행의 분류에서 기존 전통의 분류와 새로운 분류의 차이는 수(水)와 토(土)가 서로 바뀌는 것이다.

전통적인 한글의 발음오행은 조선조 영조 시대(영조 26년, 1750년) 한글 연구에 크게 기여한 실학자 신경준이 운도(韻圖)를 작성해서 한자로 음운(音韻)을 나타내는 것을 기록한 책인『훈민정음운해(訓民正音韻解)』를 쓰면서 한글의 발음을 오행으로 분류하여 정착시킨 이론이다.

이 운해의 이론(理論)은 1938년 조선어학회에서 활자본으로 발간되면서 지금까지 한글오행의 분류 이론으로 사용되어 왔었다.

그러던 중 일제 강점기인 1940년 안동 와룡이라는 민가에서 훈민정음의 제자(制字) 원리와 이유를 설명해 놓은 『훈민정음 해례본(訓民正音解例本)』(이하 '해례본')이 발견되었다.

1956년 해례본의 영인본(影印本)이 제작되어 그 내용이 알려지게 되는데, 여기에서 보면 목구멍은 깊고 윤택하여 水가 되는데 마치 소리가 허공에 통하는 것과 같고 물이 투명(透明)하게 흐르는 것과 같다. 계절로는 겨울이 되고 입술(脣)은 방정하므로 합하여 토가 된다. 그리고 또 목구멍 소리인 "후음(喉音)은 수가 된다"라는 기록이 있다. 즉 수는 ㅇ, ㅎ, 토는 ㅁ, ㅂ, ㅍ이 되어야 한다는 것이다.

세종 시절 신숙주나 성삼문 같은 집현전 학자들은 훈민정음을 만들 때, 중국의 음운을 참고 깊이 연구했는데 이때 중국과는 다르게 ㅁ, ㅂ, ㅍ을 토로, ㅇ, ㅎ을 수로 규정했다.

신경준이 당시 해례본을 무시하고 나름대로 분류를 했는지 아니면 중국의 이론을 그대로 따라서 이론을 정립했는지는 알 수가 없다.

당시 중국에서도 토와 수에 대해서 상반된 이론이 있었던 것을 유추해 보면 신경준도 상당한 근거를 가지고 있었음이 확실하다.

최근 들어 음령의 분류를 해례본대로 바로 잡아야 한다는 주장이 일부 학자들 사이에서 제기되고 있다.

그러나 해례본의 주장도 세밀히 살펴보면 설득력이 부족하고, 또 수십 년 동안 소리 부분의 작명 이론으로서 정착되어 사용된 것을 해례본대로 바꾸어야 한다면, 그동안 사용된 이름은 전부 잘못된 것이라는 말과 같지 않은가?

따라서 해례본을 떠나 수와 토의 음령에 대한 전반적인 연구가 필요한 부분으로 아직은 일부의 주장일 뿐이다.

4 음령오행 배열의 길흉(吉凶)

목은 화를 생하고, 화는 토를 생하고, 토는 금을 생하고, 금은 수를 생하고, 수는 다시 목을 생하는 이치를 오행의 상생(相生)이라 한다.

그리고 목은 토를 극하고, 토는 수를 극하고, 수는 화를 극하고, 화는 금을 극하고, 금은 다시 목을 극하는 것을 오행의 상극(相剋)이라 한다.

이 원리를 적용하여 교과서대로 본다면, 성명 세 글자가 모두 상생이면 대길(大吉)하고, 생이 둘이고 극이 하나면 소길(小吉), 반대로 극이 셋이면 대흉(大凶)하고 생이 하나이고 극이 둘이면 소흉(小凶)으로 본다.

또한 성과 이름의 첫 자와의 생, 극 관계를 특히 중시하거나 성과 이름의 끝 자와의 관계를 특히 중시하는 이론도 있다.

상극은 기(氣)의 활동이 활발해지고 상생은 기가 꺾인다고 하여 오히려 상극을 중시하는 이론도 있으나 배열만을 지나치게 의식할 필요는 없다.

이름은 결국 불리고 들리는 소리의 조화로운 이미지가 중요하기 때문이다.

오행의 상생 : 목 - 화 - 토 - 금 - 수 - 목
오행의 상극 : 목 - 토 - 수 - 화 - 금 - 목

① 목의 길한 배열

木木木　　木木火　　木木水　　木火木　　木火火　　木火土　　木水木

木水金　　木水水

② 목의 흉한 배열

木木土　　木木金　　木火金　　木火水　　木土木　　木土火　　木土土

木土金　　木土水　　木金木　　木金火　　木金土　　木金金

木金水　　木水火　　木水土

　　상기 목의 배열 중 길(吉)한 배열은 9개, 흉(凶)한 배열은 16개가 되는데 각각의 명칭이 있다.

　　예를 들면 목목목은 입신출세격(立身出世格), 목목수는 성공발전격(成功發展格), 목토화는 골육상쟁격(骨肉相爭格) 등 나름대로의 명칭을 가지고 있는데 중시할 필요는 없다.

　　성과 이름자가 꼭 3개라는 법도 없고 음령오행은 길한데 삼원오행이나 수리오행이 흉할 때도 있는데, 이때는 어느 것을 취해야 하는가 하는 문제점이 있다.

　　그리고 3개의 오행이 어디에 있든지 오행의 탐생망극(貪生忘克)하는 이치로 설사 두 개의 오행이 극을 하여도, 하나가 소통을 하고 있다면 길한 배열이 되는데 무시하고 전체를 극으로 보고 흉한 판단을 하는 것은 틀린 것이다.

　　목토화의 경우 목과 토는 극을 하지만 생을 탐하는 오행(五行)의 속성상 목은 토를 극하러 가지 않고 화를 생하러 간다(貪生忘克).

다시 화는 토를 생하면서 목과 토를 소통(疏通)시키면서 전체를 생으로 돌려놓는다. 그런데 이것을 극으로 보고 명칭도 골육상쟁격으로 아주 흉(凶)이라고 한다.

또 목목목의 경우 입신출세격이라고 하는데 성(性)의 목에서 이름자의 목과 목은 육친(六親) 관계로 볼 때 비견(比肩)이 된다.(물론 음양이 다르면 겁재가 된다) 비견이 흉성(凶星)은 아니라도 신강(身强)일 경우에는 군비쟁재(群比爭財)로 재물 운에서는 많이 불리하다. 그런데 입신출세격이다 하여 길(吉)로 규정한다는 것은 이해하기가 어렵다.

따라서 음령오행의 배열관계를 전혀 무시할 수는 없지만 이론적인 근거(根據)가 부족하기 때문에 지나치게 과신(過信)할 필요는 없다.

입신출세격, 골육상쟁격 등 각 배열에 주어진 길흉의 해설(解說)도 그냥 단순히 참고하는 정도에서 취용(取用)하면 된다.

따라서 이름은 전체적인 뜻과 오행의 조화와 소리의 조화를 우선하여 작명한다는 것을 이해하고 임하시기 바란다.

③ 화의 길한 배열

火木木   火木火   火木水   火火木   火火土   火土火   火土土
火土金

④ 화의 흉한 배열

火木土   火木金   火火火   火火金   火火水   火土木   火土水
火金木   火金火   火金土   火金金   火金水   火水木   火水火
火水土   火水金   火水水

차 한 잔으로 떠나는 작명 여행

⑤ 토의 길한 배열

土木火　　土火木　　土火火　　土火土　　土土火　　土土土　　土土金

土金土　　土金金　　土金水

⑥ 토의 흉한 배열

土木木　　土木土　　土木金　　土木水　　土火金　　土火水　　土土木

土土水　　土金木　　土金火　　土水木　　土水火　　土水土　　土水金

土水水

⑦ 금의 길한 배열

金土火　　金土土　　金土金　　金金土　　金金水　　金水木　　金水金

金水水

⑧ 금의 흉한 배열

金木木　　金木火　　金木土　　金木金　　金木水　　金火木　　金火火

金火土　　金火金　　金火水　　金土木　　金土水　　金金木　　金金火

金金金　　金水火　　金水土

⑨ 수의 길한 배열

水木木　　水木火　　水木水　　水金土　　水金金　　水金水　　水水木

水水金

⑩ 수의 흉한 배열

水木土   水木金   水火木   水火火   水火土   水火金   水火水

水土木   水土火   水土土   水土金   水土水   水金木   水金火

水水火   水水土   水水水

⑤ 음령오행(音靈五行)의 해설

木木木- 입신출세격(立身出世格)   木木火- 입신출세격(立身出世格)

木木土- 고난신고격(苦難辛苦格)   木木金- 고난신고격(苦難辛苦格)

木木水- 성공발전격(成功發展格)   木火木- 춘산개화격(春山開花格)

木火火- 고목춘풍격(枯木春風格)   木火土- 대지대업격(大志大業格)

木火金- 평지풍파격(平地風波格)   木火水- 선부후빈격(先富後貧格)

木土木- 사고무친격(四顧無親格)   木土火- 골육상쟁격(骨肉相爭格)

木土土- 속성속패격(速成速敗格)   木土金- 패가망신격(敗家亡身格)

木土水- 고목낙엽격(枯木落葉格)   木金木- 골육상쟁격(骨肉相爭格)

木金火- 독좌탄식격(獨坐歎息格)   木金土- 초실후득격(初失後得格)

木金金- 불화쟁론격(不和爭論格)   木金水- 만사불성격(萬事不成格)

木水木- 부귀쌍전격(富貴雙全格)   木水火- 속성속패격(速成速敗格)

木水土- 조기만패격(早起晩敗格)   木水金- 어변용성격(漁變龍成格)

木水水- 대부대귀격(大富大貴格)

火木木- 부귀안태격(富貴安泰格)   火木火- 용봉득주격(龍逢得珠格)

火木土- 선길후흉격(先吉後凶格)　　火木金- 선고후파격(先苦後破格)

火木水- 인화발전격(人和發展格)　　火火木- 일취월장격(日就月將格)

火火火- 개화봉우격(開花逢雨格)　　火火土- 강산미려격(江山美麗格)

火火金- 용두사미격(龍頭蛇尾格)　　火火水- 평지풍파격(平地風波格)

火土木- 선길후고격(先吉後苦格)　　火土火- 일흥중천격(日興中天格)

火土土- 만화방창격(萬化方暢格)　　火土金- 화류장춘격(花柳長春格)

火土水- 대해편주격(大海片舟格)　　火金木- 개화풍란격(開花風亂格)

火金火- 무주공산격(無主空山格)　　火金土- 선고후길격(先苦後吉格)

火金金- 사고무친격(四顧無親格)　　火金水- 개화무실격(開花無實格)

火水木- 의외재난격(意外災難格)　　火水火- 추풍낙엽격(秋風落葉格)

火水土- 금의야행격(錦衣夜行格)　　火水金- 설상가상격(雪上加霜格)

火水水- 병난신고격(病難辛苦格)

土木木- 허명무실격(虛名無實格)　　土木火- 운중지월격(雲中之月格)

土木土- 고목낙엽격(枯木落葉格)　　土木金- 소사난성격(小事難成格)

土木水- 유두무미격(有頭無尾格)　　土火木- 일광춘성격(日光春成格)

土火火- 춘일방창격(春日方暢格)　　土火土- 입신출세격(立身出世格)

土火金- 고난자성격(苦難自成格)　　土火水- 진퇴양난격(進退兩難格)

土土木- 선고후패격(先苦後敗格)　　土土火- 금상유문격(錦上有紋格)

土土土- 일경일고격(日慶日苦格)　　土土金- 고원회춘격(古園回春格)

土土木- 사고무친격(四顧無親格)　　土金木- 봉황상익격(鳳凰傷翼格)

土金火- 재기무력격(再起無力格)　　土金土- 거목봉춘격(巨木逢春格)

土金金- 유곡회춘격(幽谷回春格)　　土金水- 금상유문격(錦上有紋格)

土水木- 노이무공격(勞而無功格)　　　土水火- 풍파절목격(風波折木格)

土水土- 패가망신격(敗家亡身格)　　　土水金- 고난자성격(苦難自成格)

土水水- 일장춘몽격(一場春夢格)

金木木- 추풍낙엽격(秋風落葉格)　　　金木火- 한산공가격(寒山空家格)

金木土- 심신과로격(心身過勞格)　　　金木金- 불성실패격(不成失敗格)

金木水- 고통난면격(苦痛難免格)　　　金火木- 욕구불만격(欲求不滿格)

金火火- 병고신음격(病苦呻吟格)　　　金火土- 칠전팔기격(七顚八起格)

金火金- 조기만패격(早期晚敗格)　　　金火水- 무주공산격(無主空山格)

金土木- 불안미숙격(不安未熟格)　　　金土火- 고목봉춘격(枯木逢春格)

金土土- 입신출세격(立身出世格)　　　金土金- 의외득재격(意外得財格)

金土水- 재변재난격(災變災難格)　　　金金木- 재난고독격(災難孤獨格)

金金火- 패가망신격(敗家亡身格)　　　金金土- 대지대업격(大志大業格)

金金金- 신고재난격(辛苦災難格)　　　金金水- 발전향상격(發展向上格)

金水木- 발전성공격(發展成功格)　　　金水火- 선무공덕격(善無功德格)

金水土- 불의재난격(不意災難格)　　　金水金- 부귀공명격(富貴功名格)

金水水- 대성풍재격(大成豊財格)

水木木- 만화방창격(萬化方暢格)　　　水木火- 입신출세격(立身出世格)

水木土- 망망대해격(茫茫大海格)　　　水木金- 선길후흉격(先吉後凶格)

水木水- 춘풍개화격(春風開花格)　　　水火木- 병난신고격(病難辛苦格)

水火火- 일엽편주격(一葉片舟格)　　　水火土- 선빈후곤격(先貧後困格)

水火金- 심신파란격(心身波亂格)　　　水火水- 선무공덕격(善無功德格)

水土木- 풍전등화격(風前燈火格)　　　水土火- 낙마실족격(落馬失足格)

水土土- 강상풍파격(江上風波格)　　水土金- 선고후안격(先苦後安格)

水土水- 병난신고격(病難辛苦格)　　水金木- 암야행인격(暗夜行人格)

水金火- 개화광풍격(開花狂風格)　　水金土- 발전성공격(發展成功格)

水金金- 순풍순성격(順風順成格)　　水金水- 어변용성격(魚變龍成格)

水水木- 대기만성격(大器晩成格)　　水水火- 고독단명격(孤獨短命格)

水水土- 백모불성격(百謀不成格)　　水水金- 춘일방창격(春日方暢格)

水水水- 평지풍파격(平地風波格)

⑥ 한글의 획수(劃數)와 음양(陰陽)

　한글도 자음, 모음으로 나뉘어 획수를 산정할 수 있고 그 획수가 홀수면 양(陽), 짝수이면 음(陰)으로 보는데 이름 3자가 양양양 혹은 음음음이 되면 좋지 않다. 그러나 획수를 나누는데도 성명학의 각 유파마다 이론(異論)이 많고 모음, 받침, 자형(字形) 등의 구분이 많아 획수와 음양의 의미가 크게 중요하지 않다.

　아무리 한글의 획수와 음양을 맞추어 작명을 하였다고 하여도 불리는 소리와 의미가 나쁘면 의미가 없다. 따라서 참고하는 정도가 좋다.

자음획수 1획 : ㄱ, ㄴ, ㅇ　　　　**모음획수** 1획 : ㅡ, ㅣ

　　　　2획 : ㄷ, ㅅ, ㅈ, ㅋ, ㄲ　　　　2획 : ㅏ, ㅓ, ㅗ, ㅜ, ㅢ

　　　　3획 : ㄹ, ㅁ, ㅊ, ㅌ, ㅎ　　　　3획 : ㅐ, ㅔ, ㅚ, ㅟ, ㅑ, ㅕ,

　　　　　　　　　　　　　　　　　　　　　　 ㅛ, ㅠ

4획 : ㅂ, ㅍ, ㄸ, ㅆ, ㅉ   4획 : ㅘ, ㅝ, ㅒ, ㅖ

5획 : ㅙ, ㅞ

(성명학의 유파에 따라서 ㅇ을 2획, ㅈ을 3획, ㅊ을 4획으로 보기도 한다.)

차 한 잔으로 떠나는 작명 여행

한글 이름

　동양의 문화권에 살면서 모든 문물과 제도를 중국에 의존했던 지난 시절의 우리는 이름자 하나도 한자(漢字)를 빌려 와서 사용하는 것이 일반적인 문자(文字) 문화였다. 나라의 말이 중국과 다르고 우리의 글자가 없었으니 어쩌면 지극히 당연한 것이었으리라.

　지금도 이름자를 보면 간혹 한글 이름도 보이지만 거의가 한자로 된 이름이 주류를 이룬다. 그러다 보니 한글 이름에 대한 이론이나 설명서 같은 것은 별로 없고 한자 이름에 대한 이론이나 해설서가 주류를 이루고 있다.

　세종대왕이 한글을 1443년에 창제(創製)하시고 1446년에 반포(頒布)했는데, 시기로 따지면 500여 년이나 훨씬 지났는데도 아직도 한글 이름이 별로 없다. 그것은 결국 한글이 언제 만들어졌다고 하는 시간의 문제보다는, 사용했던 시기가 극히 짧았던 것이 주요 원인이었다.

　창제 당시에도 사대주의에 빠져 있던 유림(儒林)의 많은 학자들이 한글을 반대하였는데, 한글을 여자들이 사용하는 암글 정도로 가볍게 보아 천시하였다.

　사대부들은 계속 중화사상(中華思想)에 젖어, 한자만이 유일한 최고의 글자라고 생각하면서 상대적으로 한글을 천시(賤視) 하였다.

조선시대에 지식인으로서 신분을 유지하면서 살아남기 위해서는 과거 시험을 치르는 것이 거의 필수조건이었다. 시험 문제가 전부 한문(漢文)인 것은 물론이고 그중에도 한시(漢詩)를 잘 짓는 것이 기본 조건이었다.

네다섯 살 때부터 『천자문(千字文)』을 외우고 『소학(小學)』이나 『대학(大學)』, 『중용(中庸)』, 『역경(易經)』 같은 동양철학을 공부하고 그중에 중요한 문장들은 달달 외어야 하며, 다시 시구의 배치 등의 규칙을 알고 나서야 한시 한 편을 지을 수 있는데 사실 쉬운 것이 아니었다.

그 나라의 문자가 만들어지면 그 문자로 이름은 물론이고 그 문자로써 만들어지는 문학작품 등의 독창적인 문화가 형성되는데, 그것은 새로 만들어진 문자에 대한 애정이 충분했을 때 가능한 일이다.

그러나 한자만을 최고라고 고집하는 당시의 지배층인 사대부들에 의해 애석하게도 한글은 사용 자체를 못 하게 되니, 애정은 당연히 받을 수 없었고 발전 자체를 못 하게 된 것이었다.

500여 년을 유지한 조선이 백성을 위해 한 것이라고는, 한글 만든 것 말고는 별 게 없다고 생각하는 필자의 입장에서 한글의 천시는 참으로 애석한 일이었다.

17세기에 허균(許筠, 1569~1618)이 발표한 한글소설 『홍길동전』을 제외하면, 18세기 이후가 되어서야 한글소설들이 몇 편 나오는데 독자층이 한정되어 있었고, 그 당시에도 사회적인 파급 효과는 극히 미미했다.

한글은 왕이 만들었음에도 제일 먼저 왕실과 사대부들에게 외면당했는데, 중국의 것이라면 무조건 최고로 치던 당시의 사대사상 때문이었다.

물론 지엽적인 이유이지만 성삼문과 같은 한글 창제의 주역들인 집현전 학자들이, 세조가 된 수양대군에게 저항했기 때문이기도 하였다.

차 한 잔으로 떠나는 작명 여행

일본이 한자의 초서체를 모방한 히라가나(平假名)와 음가를 표기한 가타카나(片假名)를 9세기 초에 만들었는데 9세기 말에 벌써 가나로 쓰인 문학작품이 나오기 시작했다.

작자 미상인『다케토리 모노카타리(竹取物語)』가 9세기 말에서 10세기 초에 나왔고, 11세기 초에는 일본의 가장 위대한 문학작품이며 세계에서 가장 오래된 장편소설인 무라사키 시키부(紫式部, 973?~1016?)의『겐지 모노카타리(源氏物語, 전 54권)』가 출판되기도 했다.

한글은 우수한 글자임에도 불구하고, 조선 사대부들의 철저한 외면과 일제 강점기의 문자 말살 정책으로 거의 폐기되었다가 해방 이후에서야 겨우 활성화되었다.

500여 년 전에 만들어졌다고는 하지만 본격적으로 한글이 사용된 시기를 보면 불과 70여 년 정도이다.

그 70여 년도 중화사상에 물든 한자 우위론자들의 구박에 시달려 오면서 한글은 독자적인 문자로서 발전이 없었고 또한 한정된 어휘에서 벗어날 수가 없었다.

그러다 보니 이름에 대해서도 다양한 어휘의 개발과 발전 부족으로 한글 이름은 단순할 수밖에 없었다. 따라서 부끄러운 말이지만 성명학으로서의 이론도 제대로 정립되어 있지 않다.

앞으로 많은 한글 학자들과 성명학자들의 연구가 필요도 하지만, 우수한 한글 문학작품들이 많이 나오면서 새로운 한글의 어휘가 많이 만들어져야 한다.

그리하여 머지않아 풍부한 어휘를 가진 한글의 글자들도 이름자로서 당당하게 자리매김할 것이 확실하니 기대해 봄이 어떠할지.

제5장

한자오행(漢字五行)

1 삼원오행(三元五行)

동양철학의 중심이 되는 목, 화, 토, 금, 수의 오행은 천간(天干) 10자, 지지(地支) 12자가 서로 합하면서 만들어지는 즉 60갑자(甲子)에도 작용을 하면서 인간사 모든 물상(物像)에 관계한다.

이때 천간을 하늘(天), 지지를 땅(地), 지지 속에 숨어 있는 지장간(支藏干)을 사람(人)으로 구분하여 천인지 삼재(三才)라고 부르기도 하는데 삼원(三元)은 바로 이 삼재의 개념과 같다.

삼원은 성명 글자의 한자(漢字) 획수(劃數)로 천원(天元), 인원(人元), 지원(地元)을 구하는데 획수가 10획 이상을 넘어가면 10단위를 제하고 남는 단수로 판단한다.

예를 들어 김종학(金鐘鶴)이라는 이름의 경우를 보면 김이 8획, 종이 20획, 학은 21획인데, 김은 그냥 8획이고, 10단위를 제하면 종은 0획이 되고 학은 1획이 된다. 따라서 삼원은 8, 0, 1로 적용이 된다.

이때 오행(五行)을 적용하는 기준은 10의 단위를 제하고 남는 단수로 정한다. **1, 2는 木으로, 3, 4는 火, 5, 6이면 土, 7, 8은 金으로 9, 0은 水로** 적용한다. 전부가 양수(陽數) 혹은 전부가 음수(陰數)가 되는 것은 피하는 것이 좋다. 따라서 김종학의 삼원오행은 8이 금, 0이 수, 1이 목으로 **금, 수, 목**이 된다.

그런데 삼원오행의 산출방법이 이런 식으로 딱 정해져 있는 것이 아니고 몇 가지 이론이 더 있는데 정리를 하면 다음과 같다.

② 삼원오행을 구하는 방식

1) 제1의 방식

- **천원(天元)**

: 성씨 김(金)의 8획에서 가성수 혹은 태극수라고 하는 1을 추가하여 8+1=9 즉 9는 水가 된다.

- **인원(人元)**

: 성씨 김(金)의 8획과 이름자의 상명자 종(鐘)의 20획의 합을 합하면, 8+20=28 즉 십의 수는 버리고 단수는 8. 즉 8은 金이 된다.

- **지원(地元)**

: 이름자의 상명 종(鐘)의 20획에 하명 학(鶴)의 21획을 더하면 20+21=41. 십 단위 수는 버리고 단수 1만 취용, 즉 1은 木이 된다. 따라서 김종학의 삼원오행은 **水金木**이 된다.

2) 제2의 방식

- **천원(天元)**

: 성씨 김(金)의 획수가 8이므로 金.

· 인원(人元)

: 성씨 김(金)의 8획과 상명 종(鐘)의 20획을 더하면 28. 단수만 취하면 8. 8은 金.

· 지원(地元)

: 상명 종(鐘)의 20획과 하명 학(鶴)의 21획의 합은 41, 단수만 취하면 1. 1은 木. 따라서 김종학의 삼원오행은 **金金木**이 된다.

3) 제3의 방식

· 천원(天元)

: 성씨의 김(金)의 획수 8에 태극수 1을 더하면 9. 즉 9는 水.

· 인원(人元)

: 상명 종(鐘)의 획수 20획에서 십 단위를 버리면 0. 즉 0은 水.

· 지원(地元)

: 하명 학(鶴)의 획수 21획에서 십 단위를 버리면 1. 1은 木. 따라서 김종 학의 삼원오행은 **水水木**이 된다.

4) 제4의 방식

• 천원(天元)

: 성씨 김(金)의 획수 8과 하명 학(鶴)의 21획을 더하면 29, 십 단위를 버리면 9. 9는 水가 된다.

• 인원(人元)

: 성씨 김(金)의 획수 8과 상명 종(鐘)의 20획을 더하면 28. 십 단위를 버리면 8. 8은 金이 된다.

• 지원(地元)

: 상명 종(鐘)의 획수 20에 하명 학(鶴)의 21획을 더하면 41. 십 단위를 버리면 1. 1은 木이 된다. 따라서 김종학의 삼원오행은 **水金木**이 된다.

③ 이름이 1자(字)인 경우의 삼원오행

한국 사람의 이름은 대체적으로 성이 1자이고 이름이 2자(字)인 경우가 많은데 의외로 이름자가 1자인 경우도 있다. 이때는 하명(下名)자가 있다고 보고 1의 수를 넣어 삼원오행을 만든다. 예를 들어 허준(許俊)의 삼원오행을 만들어 보면 다음과 같다.

(상기 제1의 방식)

・천원(天元)

: 성씨 許는 11획이니 11+1(태극수)=12. 십 단위를 제하면 나머지는 2.
  2는 木이 된다.

・인원(人元)

: 상명 俊은 9획이니 9+11=20. 십 단위를 제하면 나머지는 0. 0은 水가
  된다.

・지원(地元)

: 하명은 없으므로 가성수 1을 취용. 9+1=10. 십 단위를 제하면 0. 0은
  水가 된다. 따라서 허준의 삼원오행은 **木水水**가 된다.

④ 성씨가 2자(字)인 경우의 삼원오행

한국 사람의 성은 거의가 김씨, 이씨, 박씨 등과 같이 1자(字)로 되어 있
는데, 독고(獨孤), 남궁(南宮) 등 2자(字)로 된 성씨가 몇 가지 있다.

이 경우의 삼원오행 도출방식은 성씨 2자의 획수를 합쳐서 천원을 구하
고 인원과 지원은 그대로 구하면 된다.

예를 들어 선우상식(鮮于相植)이라는 이름의 삼원오행을 구해 보자.

(상기 제1의 방식)

・천원(天元)

: 성씨 鮮于는 선이 17획, 우가 3획이므로 17+3=20. 20에서 태극수 1을 더하면 21. 십 단위를 제하면 나머지 1이 된다. 1은 木.

- **인원(天元)**

: 상명 相은 9획이니 성씨 鮮于의 20획과 더하면 29. 십 단위를 제하면 9. 9는 水.

- **지원(地元)**

: 하명 植은 12획이니 상명 相의 9획과 더하면 21. 십 단위를 제하면 1. 1은 木. 따라서 이름자 선우상식의 삼원오행은 **木水木**이 된다.

⑤ 삼원오행의 이해

성을 1원(元), 상명자(上名字)를 2원(元), 하명자(下名字)를 3원(元)으로 하여 천인지(天人地) 삼재(三才)를 나타내는 구성의 이치는 사람을 소우주로 보는 동양철학의 관점에서 볼 때 어느 정도 이론적 근거를 가지고 있다.

또한 성씨가 되는 1원을 나타낼 때는 '하늘의 일기(一氣)를 받았다'는 의미에서 성에 1천수(一天數)를 더하여 천원을 만드는 것까지는 그래도 이해가 간다.

그러나 삼원을 만드는 방법에는 다양한 이론들이 있기 때문에 각각의 이론에 따라 만들어지는 삼원오행은 당연히 다를 수밖에 없다.

이쪽 이론에서는 좋은데 저쪽 이론에서는 나쁜 경우, 이것은 어떻게 이

해해야 하는가?

삼원오행 역시 음령오행과 마찬가지로 木木木은 길하고 木木水는 흉하다는 식의 단순한 해설을 하고 있다.

각각의 이론에 따라 만들어진 서로 다른 이론은 비슷한 정도가 아니고 길흉 간에 전혀 상반된 해설을 하게 된다.

이때 좋은 해설을 하는 방법으로 삼원오행을 구해서 이 이름은 이런 식으로 저 이름은 저런 식으로 하니까 해설이 좋으니 그냥 대충 삼원을 구하자고 한다면, 성명학이라고 하는 학문의 개념(槪念)에서 과연 용납될 수 있는 것일까? 그리고 좋은 작명을 했다고 할 수 있을까?

그래서 삼원오행을 적용할 때는 자기 나름대로의 타당한 기준을 가지고 일률적으로 한 가지 방식을 취용, 적용해야 한다.

음령오행의 해설서(125개)와 마찬가지로 삼원오행의 해설서(125개)도 신뢰할 수 있는 이론적인 근거가 부족하기 때문에, 많은 성명학자들은 취용을 하지 않는 것으로 알고 있다.

또 일부 학자들은 발음오행이나 삼원오행이나 다 같은 오행이기 때문에, 음령오행의 오행배열을 그대로 삼원오행에 적용시켜 사용하기도 하는데, 그 역시 잘못된 것이다.

발음오행인 음령오행은 한글 성명에서 나온 것이고, 삼원오행은 한자의 글자 획수에서 나온 것으로 도출 방법이 다르기 때문이다.

또한 문제는 오행 배열에 따른 길흉의 해설(解說)이 어디에서 무슨 이유로 나왔는지 그 근거가 분명하지 않다는 것이다.

따라서 스스로의 판단으로 하나의 기준을 정하여 삼원오행을 일관성 있게 적용하는 것이 가장 좋은 방법이 된다.

한국인의 성씨

김수로왕, 박혁거세, 석탈해 등의 탄생 설화에 비추어 보면 한국인의 성씨의 역사를 삼국시대 이전으로 볼 수도 있으나, 그것은 일부 귀족들의 경우이고 문헌상으로는 당나라와 교역이 활발하던 6, 7세기경이 되어서야 모든 왕족과 귀족들이 성을 사용했다는 기록이 있는 것을 보면 대략 삼국시대 후반 정도부터라고 보는 것이 맞을 것 같다.

그러다가 본격적으로 본관(本貫)과 성(姓)이 사용된 것은 고려 건국 이후로 임금이 지방 호족이나 공을 세운 사람에게 성을 하사(下賜)하였는데, 집안에서는 가문의 큰 영예로 알고 성을 하사받은 사람을 시조(始祖)로 하여 한 가문을 형성해 나갔다.

고려 태조 왕건은 지방호족에게 일일이 성을 하사했는데 무려 544개의 지방이 성씨의 본관이 되기도 했다.

그러다가 평민들이 성과 본관을 가지게 된 것은 대체적으로 유교를 국교로 한 조선시대 이후부터다.

2015년에 조사된 인구센서스에 보면 한국인의 성씨는 287가지이고 본관(本貫)은 4,179개인데 이 중에 장지 김씨, 태백 김씨, 덕산 박씨 등 15개의 본관은 1985년 이후에 새로 만들어진 것으로 되어 있다.

김(金), 이(李), 박(朴), 최(崔), 정(鄭), 강(姜), 조(趙), 윤(尹), 장(張), 임(林)씨의 10대 성씨가 전체 인구의 64.1%를 차지하고 있으며 김씨가 21.5%, 이씨가 14.7%, 박씨가 8.4%이며 최씨가 4.7%, 정씨가 4.3%, 강씨가 2.4%, 조씨가 2.1%, 윤씨가 2.1%, 장씨가 2.0%, 임씨가 1.7%이며 본관으로 보면 김해 김씨 9%, 밀양 박씨 6.6%, 전주 이씨 5.7% 정도로 인구가 많다.

성씨 가운데 39.2%가 1천 명을 넘지 않으며 42개의 성씨는 각 100명 미만인 것으로 조사되었다.

조선시대에는 노비를 포함한 천민의 비율이 약 60%(양반 10%. 평민 30%)이었는데 이들에게는 성이 없었다.

임진왜란, 병자호란을 겪으면서 의병 활동 등으로 공이 있는 사람에게 주었던 공명첩(空名帖)을 받은 일부의 천민들이 성씨를 가지게 되었는데, 결정적으로 천민들이 누구나 원하는 성씨와 본관을 가지게 된 것은 1909년 일제가 시행한 민적법(民籍法)에 의해서였다.

이름을 가지게 하여 인구의 동태를 파악, 관리하는 것을 목적으로 민적법을 만들어 시행하였다고는 하나, 누구나 원하는 성씨를 가짐으로 인해서 조선의 지배층인 양반사회를 무너뜨리고 분열을 조장하려는 의도였다.

전체 인구 중 10% 남짓한 양반이 사회 전체를 주도했던 시대에 성은 혈통과 신분을 알리는 증표로서 자신을 알리는 중요한 표식이 되었는데, 신분제도가 무너지고 같은 성을 쓰는 사람이 수백만이 되는 현대에서 성은 이제 '가문(家門)의 영광(榮光)'과는 별개가 되었다.

더욱이 호주제(戶主制)가 폐지되어(2008년 1월 1일) 어머니의 성을 따

차 한 잔으로 떠나는 작명 여행

를 수도 있고, 아버지와 어머니 양쪽의 성을 같이 쓸 수도 있는 현대에서, 성은 가문과 혈통을 나타내기보다는 단지 자신을 칭하는 부호 중 하나라고 보는 것이 타당하지 않을까?

제6장

한자론(漢字論)

뜻글자인 한자의 생성과정은 역(易)이 만들어진 시기와 거의 비슷하다. 또한 글자 모양이 특정 형상을 암시하며 의미를 내포하고 있다.

오랜 세월 동양 문화권에서 살아온 사람들은 전통적(傳統的)으로 한문(漢文)으로 된 이름을 짓게 되는데, 그 글자들을 보면 대체적으로 역술(易術)에서 사용하는 오행(五行)을 나타내는 구조로 이루어져 있다.

즉 평생을 지니고 가야 하는 이름자의 글자 하나하나에는 자연히 그 사람의 필연적인 운명의 모습이 고스란히 담기게 된다고 할 수 있다.

따라서 글자가 의미하는 뜻을 충분히 이해하고 글자 속에 내포 되어 있는 오행의 성질을 참조하여 글자의 뜻을 살리면서 사주와 부합시키는 작명을 해야 한다.

또 계절 즉 조후(調候)를 중시하는 사주의 특성상, 한여름의 낮에 출생한 사람의 사주에 목, 화가 많을 때는 원칙적으로 목화(木火)는 무조건 기신(忌神)이 된다. 이때 이름자에는 목화 변의 글자나 불과 나무를 의미하는 글자를 사용해서는 안 된다.

마찬가지로 겨울에 태어난 사람의 사주가 사주 자체에 불이 없고 한랭한데, 물을 상징하는 글자나 차가운 의미의 글자를 사용하여 작명을 하는 것은, 더욱 사주를 차갑게 만들어 운명의 흐름을 망칠 수가 있다.

그리하여 일반적으로 어떤 오행이 조금 모자란다거나 넘칠 때는, 부족한 오행을 보충하거나 충족시키는 정도에서 보완을 하는 작명을 하면 된다.

그러나 사주 전체가 두세 개의 오행으로만 이루어진 이른바 종격(從格)의 사주에서는 부족한 오행을 보완하는 정도만으로 좋은 작명을 했다고 할 수 없다.

예를 들면 목, 화로만 이루어진 종격 사주에 금, 수가 부족하다고 금, 수의 글자를 넣어 작명을 하면, 약한 금수의 세력이 오히려 역공을 당해 사주 전체가 싸움질하는 형상이 될 수도 있다.

따라서 없는 오행이 사주(四柱)에 기신(忌神)이 되어 오히려 깨끗한 명식(命式)이 되어 있는데도 불구하고, 오행 중에 빠진 것이 있다고 해서 없는 오행의 뜻을 살려서 이름을 만든다면 그 사주는 도리어 탁(濁)하게 되어 이름과 사주가 균형을 잃게 된다.

그러므로 글자의 상생상극을 나타내는 자원오행(字原五行)의 배치도 중요하고, 오행으로 분류되는 자의(字意)의 선택도 중요하지만, 사주 전체와 어울리는 글자의 선택이 절대적으로 중요하다 하겠다.

① 한자의 획수(劃數)

현대의 중국에서는 복잡한 한문 글자를 줄인 간체자(簡體字)가 이미 보편화되어 있고, 일본도 약자(略字)를 많이 사용하고 있기 때문에, 이름에 쓰이는 한자(漢字)의 획수를 산정할 때 굳이 옥편(玉篇)의 글자에 나오는 대로 원 획수를 사용하여야 하느냐 하는 문제는 논쟁의 여지가 있다.

즉 역술(曆術)의 기원에 해당하는 하도(河圖, 황허강에서 나온 용마 등에 나온 그림)와 낙서(洛書, 중국 낙수에서 나온 거북의 등에 있던 글)에서 이미 숫자의 개념이 나와 있고, 또한 한자(漢字)와 역술과의 상관관계를 고려할 때 원 획수를 사용함이 타당하다고 본다는 이론(理論)과, 지금 사용되고 있는 글자가 현실이니 원 획수보다는 필획수로 보는 것이 정확하다고 하는 이론 모두가 일리가 있다. 따라서 어떤 이론을 취용하더라도 일관성만 있다면 무방하다고 생각한다.

만약 원 획수의 이론을 취용(取用)한다면 다음의 부수(部首)들의 글자들은 반드시 옥편을 찾아서 원획으로 수리(數理)를 산정해야 한다.

손 수 부(扌(手 변)): 4획	예: 提(12획-13획), 挑(9획-10획)
마음심 부(忄(心 변)): 4획	情(11획-12획), 性(8획-9획)
물 수 부(氵(水 변)): 4획	洙(9획-10획), 洪(9획-10획)
개 견 부(犭(犬 변)): 4획	獲(17획-18획), 獨(16획-17획)
보일 시(礻(示 변)): 5획	福(13획-14획), 祥(10획-11획)
구슬 옥 부(王(玉 변)): 5획	珉(9획-10획), 珠(10획-11획)
초두 부(艹(艸 변)): 6획	花(8획-10획), 英(9획-11획)
옷 의 부(衤(衣 변)): 6획	裕(12획-13획), 補(12획-13획)
고기 육, 육달월 부(月(肉 변)): 6획	脈(10획-12획), 能(10획-12획)
그물 망 부(罒(网 변)): 6획	羅(19획-20획), 置(13획-14획)
책받침 부(辶(辵 변)): 7획	連(11획-14획), 送(10획-13획)
고을 읍 부, 우부방 부(阝(邑 변)): 7획	都(12획-16획), 鄭(15획-19획)
언덕 부, 좌부방 부(阝(阜 변)): 8획	陣(10획-15획), 限(9획-14획)

상기의 예와 같이 사용하는 획수와 실제 획수가 다르므로 옥편을 참조한다.

차 한 잔으로 떠나는 작명 여행

② 글자의 의미로 본 불용문자(不用文字)

현재 인명용 한자로 쓸 수 있는 글자는 기초교육한자 1,800자를 포함하여 8,279자(2018년 12월 28일 대법원 최종 선정)가 있는데, 하기(下記) 예를 든 일부 글자 외에도 뜻글자인 한자의 속성상 나쁜 느낌의 의미가 있거나, 특정 신체 부위를 표시하거나 또는 동물의 이름이나 질병의 이름 등 남에게 혐오감을 주는 한자는 절대 사용하지 말아야 한다.

불리는 소리의 영향도 받겠지만 이름자가 가지고 있는 의미(뜻)의 영향도 절대적으로 받게 되는 이름의 속성상 사용하지 않음이 좋다. (물론 글자의 의미가 크고 좋다고 해서 이름으로 다 좋은 것은 아니다)

〈ㄱ〉

간(肝 간 간, 姦 간사할 간, 奸 간음할 간, 艱 어려울 간), 갈(渴 목마를 갈), 감(坎 구덩이 감, 減 덜 감), 개(疥 옴 개), 갱(坑 구덩이 갱), 거(拒 막을 거), 걸(乞 빌 걸), 격(隔 뜰 격), 견(犬 개 견, 譴 꾸짖을 견, 羂 올무 견), 결(缺 흠 결, 訣 이별할 결), 경(傾 기울 경, 驚 놀랄 경, 競 겨루다 경, 磬 빌 경), 계(繫 얽을 계, 鷄 닭 계, 髻 상투 계), 고(痼 고질 고, 苦 괴로울 고, 枯 마를 고, 孤 외로울 고, 罟 그물 고, 牯 암소 고, 股 넓적다리 고, 蠱 벌레 고), 곡(哭 울 곡), 곤(困 괴롭다 곤), 골(汨 빠지다 골), 공(空 빌 공, 恐 두려울 공, 蛬 귀뚜라미 공, 蚣 메뚜기 공, 蚣 지네/여치 공), 과(寡 과부/적다 과, 跨 사타구니 과, 騍 암말 과), 관(棺 입관할 관, 綰 얽을 관), 광(狂 미칠 광), 괴(怪 기이할 괴, 壞 무너질 괴, 傀 클/허수아비 괴, 愧 부끄러울 괴), 구(狗 개 구, 仇 원수 구, 咎 재앙 구, 柩 널 구), 귀(鬼 귀신 귀), 규(窺 엿볼 규),

근(饉 흉년 들 근), 금(擒 생포할 금), 기(忌 꺼릴 기, 棄 버릴 기, 欺 속일 기, 飢 주릴 기, 岐 나뉠 기, 羈 굴레, 재갈 기)

〈ㄴ〉
난(難 어려울 난, 亂 어지러울 난), 노(奴 노예 노, 怒 성낼 노), 뇌(腦 머리 뇌, 惱 번뇌할 뇌), 니(泥 진흙 니)

〈ㄷ〉
단(斷 끊을 단), 도(逃 도망갈 도, 盜 도적 도, 悼 슬퍼할 도)

〈ㄹ〉
락(落 떨어질 락, 烙 불로 지질 락), 략(掠 노략질할 략), 령(靈 신령 령)

〈ㅁ〉
마(魔 마귀 마, 痲 마비할 마), 만(蠻 오랑캐 만), 망(亡 망할 망), 멸(滅 다할 멸), 묘(墓 무덤 묘), 무(誣 무고할 무), 미(謎 수수께끼 미), 민(悶 번민할 민)

〈ㅂ〉
박(粕 술지게미 박), 배(胚 아이 밸 배), 벽(僻 후미질 벽), 병(病 질병 병), 부(腐 썩을 부), 분(奔 달아날 분, 忿 성낼 분), 비(悲 슬퍼할 비, 憊 고달플 비)

〈ㅅ〉

사(寺 절 사, 祀 제사 사, 奢 사치할 사, 邪 사악할 사, 詐 속일 사, 覗 훔쳐볼 사), 산(刪 깎을 산, 訕 헐뜯을 산, 散 흐트러질 산), 선(跣 맨발로 다닐 선, 蟬 매미 선), 소(燒 불태울 소, 騷 소동할 소)

〈ㅇ〉

아(餓 굶주릴 아), 애(埃 티끌 애, 挨 밀칠 애), 양(禳 기도할 양), 언(諺 상말 언), 역(逆 거스를 역), 연(煙 연기 연), 열(咽 목멜 인/열), 영(塋 무덤 영), 완(頑 완고할 완), 용(傭 품삯 용), 우(虞 근심할 우), 은(隱 숨을 은), 익(弋 오랑캐 익)

〈ㅈ〉

자(刺 찌를 자/척, 沓 물을 자), 장(杖 지팡이 장), 재(災 재앙 재, 滓 찌꺼기 재), 전(奠 제사 지낼 전, 煎 달일 전, 剪 자를 전), 정(偵 염탐할 정, 酊 술 취할 정), 조(嘲 비웃을 조, 釣 낚시 조, 誂 꾈 조), 주(躊 망설일 주), 준(蠢 꿈틀거릴 준), 진(塵 티끌 진)

〈ㅊ〉

찬(趲 놀라 흩어질 찬), 창(倡 여광대 창, 猖 미쳐 날뛸 창), 천(舛 어그러질 천, 淺 얕을 천), 철(惙 근심할 철), 촌(寸 마디 촌), 총(塚 무덤 총), 충(忡 근심할 충), 칠(漆 옻칠할 칠)

〈ㅌ〉

탁(濁 흐릴 탁), **태**(苔 이끼 태, 怠 게으를 태, 殆 위태할 태, 跆 유린할 태)

〈ㅎ〉

하(遐 멀 하, 瑕 허물 하), **학**(虐 학대할 학, 謔 희롱할 학), **한**(旱 가물 한, 恨 한할 한), **해**(懈 게으를 해), **현**(睍 훔쳐볼 현, 眩 아찔할 현), **형**(荊 모형나무 형), **혜**(譓 창피 줄 혜), **호**(壺 병 호, 沍 얼/찰 호, 胡 턱밑 살 호/오랑캐 호), **화**(譁 시끄러울 화), **환**(幻 허깨비 환), **훈**(焄 연기에 그을릴 훈), **희**(戲 놀 희, 欷 흐느낄 희)

③ 이름에서 주의해야 하는 글자

갑(甲), 병(丙), 무(戊), 경(庚), 임(壬)은 천간(天干)의 양간(陽干)에 해당되는 글자로, 사주상에서 용신에 해당된다고 해도 신약(身弱)한 사람은 쓸 수가 없다. 양간(陽干)의 강한 기운을 받기에는 자신의 힘이 좀 부족하기 때문이다.

따라서 아무리 강하고 좋은 의미라 해도 이름자로 사용할 때에는 주의해서 사용해야 한다.

다음의 글자들은 대체적으로 크고 좋은 의미의 글자들이지만, 중화를 중시하는 역술의 관점(觀點)에서 볼 때, 뜻이 너무 좋기 때문에 오히려 반대로 고독과 파란, 이별 등을 암시할 수도 있다. 그러므로 사주와 부합되지 않으면 이름자로는 주의해야 할 글자들이다.

차 한 잔으로 떠나는 작명 여행

그러나 특별히 예명(藝名)으로 사용할 때, 혹은 종교적인 신념(信念)이나 개인적인 취향으로 글자의 뜻과 형상(形像)에 큰 의미를 두지 않을 때는 사용해도 무방하다.

甲(갑) : 신왕(身旺)한 사주에 장남인 경우에만 가능하고, 차남이 사용하면 장남 노릇을 하게 되면서 집안의 질서가 어지러워진다.

庚(경) : 숙살(肅殺)의 기운이 강해 단명, 질병을 암시한다. (신왕 사주는 가능)

九(구) : 과격, 종말, 비운을 암시한다.

龜(구) : 장수를 상징하는 거북을 이름자로 쓰면 오히려 반대로 단명할 수 있다.

極(극) : 운(運)이 극과 극을 달릴 수 있다.

錦(금) : 설령 비단옷을 입었다 해도 고독과 고초가 따른다.

琴(금) : 풍류를 상징하는 의미로 고초를 암시한다.

挑(도) : 도화살(桃花殺)의 의미가 강해 고독과 고초를 암시한다.

童(동) : 아이의 소견으로 사고(思考)의 발전이 늦을 수 있다.

冬(동) : 매사가 막힌다.

梅(매) : 도화살의 의미로 고독과 고초를 암시한다.

明(명) : 두뇌는 명석하나 부부 이별 등 고초가 따른다.

分(분) : 나눌 분의 의미대로 부부 이별 등 흩어짐의 의미가 있다.

紛(분) : 부부 이별이 많다.

粉(분) : 가루 분, 또는 단장하는 의미로 흩어짐을 암시한다.

四(사) : 죽을 사(死)와 발음이 같아 불길을 암시한다.

絲(사) : 잘 엉키는 실타래처럼 매사 장애를 암시한다.

山(산) : 매사에 장애가 생기고 융통성 부족을 암시한다.

石(석) : 매사가 정체되어 막히고 중도 좌절을 암시한다.

雪(설) : 막히고 고독을 상징한다.

笑(소) : 파란이 많다.

松(송) : 지나치게 고고하여 고독을 암시한다. 수도자라면 사용 가능하다.

女(여) : 고독을 의미한다.

玉(옥) : 고독을 의미하는 글자이다.

雲(운) : 매사 흩어진다.

月(월) : 달 밝은 밤에 님을 기다리는 월살(月殺)은 고독살이다. 고독을
　　　　　암시한다.

日(일) : 중도 장애가 많다.

川(천) : 세 갈래로 분산하는 의미로 분산과 실패를 암시한다.

春(춘) : 항상 바쁜 듯하나 소득이 없고 허장성세가 과하다.

出(출) : 매사 장애가 많고 소득 없이 바쁘다.

豊(풍) : 글자의 의미와는 다르게 빈곤할 수 있다.

風(풍) : 열심히 해도 실속이 없다.

海(해) : 매사에 기복이 심하다.

紅(홍) : 붉은 홍은 질병 주의를 의미한다.

花(화) : 화류계에는 적당한 글자라 하나 부부 궁이 약하다.

孝(효) : 부모 덕이 부족하다.

④ 동생이 쓰면 안 되는 글자

갑(甲 갑옷/으뜸 갑), **상(上** 위 상), **선(先** 먼저 선), **윤(胤** 맏아들 윤), **원(元** 으뜸 원), **대(大** 클 대), **태(太** 클 태, **泰** 클 태), **장(長** 길 장, **將** 장수 장), **천(天** 하늘 천), **맹(孟** 맏이 맹), **전(前** 앞 전), **일(一** 하나 일)

　상기의 글자들은 전부 앞서거나 위의 의미가 있으므로 동생이 사용하면, 형을 대신하여 집안을 꾸려 가는 형세가 되어 집안의 질서를 깨트릴 수가 있다.

　특별한 경우가 아니라면 동생은 사용하지 않음이 좋다.(단 항렬상의 돌림자일 경우에는 무방하다)

방위(方位)란 무엇인가?

옛날부터 우리 조상들은 이사를 할 때면 사방팔방 어디에도 손(太白煞) 없는 날을 택해서 하였고, 그해의 삼살방(三殺方)은 절대적으로 금기시하여 이사에 신중을 기했다.

또 그해의 대장군방위(大將軍方位)에 해당되는 곳은 아무리 수리할 일이 급해도 함부로 손대지 못하게 하였고, 집을 지을 때 대문을 북쪽으로 두면 살기(殺氣)를 바로 맞기 때문에 북쪽의 대문은 금기시(禁忌視)했다.

그 외에 묘지를 손본다든지 작은 우물 하나를 파더라도 그 해의 운기 (運氣)에 맞는 날과 방위를 중시하는 등 방위는 우리의 삶과 매우 밀접한 관련을 맺고 하나의 지혜가 되어 왔다.

동양의 운명 예견술(運命豫見術)인 명리학(命理學)은 사람의 태어난 년, 월, 일, 시의 운기를 오행에 배속시켜, 하늘의 기운, 땅의 기운, 사람의 기운을 분별하여 전체적인 운명을 추론하고 있다.

방위 역시도 오행에 배속시켜 운명의 길함과 흉함에 작용하는 것으로 보았다. 그것은 아마도 우리가 살고 있는 지구라고 하는 거대한 자석(磁石)에서 발산하는 힘이, 사방팔방에서 서로 다르게 작용함으로서 운명에도 지대한 영향을 미치는 것으로 보았기 때문이리라.

어떤 사람의 사주학적 운명이 목을 반드시 필요로 하는 운명이라면, 그 사람은 목에 해당되는 방위인 동쪽이 좋은 방향이 된다. 따라서 사업을 하든지 생활을 하든지 동쪽과 연관되는 삶을 영위한다면, 대체적으로 삶에 생기(生氣)가 더해질 것이다.

또 여름에 태어나고 남쪽에 살면서 남방의 열기가 가득한 화가 많은 사주라면, 시원한 물의 방위인 북쪽이나 강렬한 열기를 빼 주는 토의 방위인 중앙을 택하여 삶을 영위함이 좋을 것이다.

이렇듯 나와 인연이 있는 방위는 운명의 중요한 변수(變數)로서 작용하고 있다.

그러나 한편으로 생각하면 8방위 각각은, 사주학적으로 나에게 좋다 나쁘다를 떠나 각각 발산하는 힘이 다르다. 따라서 나에게 맞는 방위다, 안 맞는 방위다 하는 문제를 떠나, 8방위의 특징을 잘만 활용한다면 내 사주의 희기신(喜忌神)을 떠나 운기(運氣)를 전환시키는 한 방법이 될 것이다.

여기서 특정 방위의 기운을 활용한다는 것은 어떤 사정에 대해 아무리 고민해도 도저히 스스로 결정을 내리지 못할 때 적당한 날을 택하여 그 방위의 산 좋고 물 좋은 곳을 찾아 상념에 잠기든지, 나름의 가지고 있는 종교적인 의식으로 기도를 하든지, 밖을 나갈 수도 없는 상태라면 자신이 있는 위치에서 해당 방위를 향해 간절히 염원하는 자세로 기도함으로써 그 방위의 기운을 느끼는 것이다. 이는 각 방향 동일하다.

• 8방위의 특징

① 동쪽(東方)

목의 방향으로 해가 뜨는 동방은 밝음과 광명을 나타내며 어떤 일을 시작하고 준비한다는 의미가 강하다.

천간으로는 갑, 을 지지로는 인, 묘에 해당되는 목은 높이 올라가려 하는 발전적인 기질을 가지고 있으며 인자한 성품을 가지고 있다. 따라서 새로운 사업이나 개발, 발명 등 발전적이고 참신한 아이디어나 자본(資本)이 필요할 때 동방의 기운을 활용하면 큰 도움이 된다.

② 동남쪽(東南方)

지지(地支)로는 진사(辰巳)에 해당되는데 사업을 시작할 때 나 어떤 단체나 조직을 만들 때 자금과 사람은 승패(勝敗)의 절대요소가 되는데, 그중에서도 금전보다는 사람과의 관계가 가장 중요하다.

따라서 사람과의 관계를 원만히 유지하여 추구하는 일의 성취를 원한다면 동남방의 운기를 주시하라. 그것은 인연(因緣)을 사령(司領)하는 방위가 바로 동남방이기 때문이다. 평소 인덕이 없다고 생각하는 사람은 동남쪽의 기운을 활용하라.

③ 남쪽(南方)

천간으로는 병(丙), 정(丁). 지지로는 사(巳), 오(午)로 강렬한 화(火)의 기운이다. 인생의 시발점에서 첫출발을 하면서 사람이나 자금 문제 등의 고민과 생각으로 머리가 아플 때, 또 어떤 일을 추진하고 있는데 중간에 시행착오가 생겨 새로운 방침이나 계획을 다시 세워야 하는 어려움으로 고민할 때, 이때 남방의 기운을 잘 활용하면 의외의 새로운 기운을 느낄 것이다. 특히 그만두느냐 마느냐 하는 급박한 결단을 요할 때 남방은 절실히 필요한 방위가 된다.

④ 남서쪽(南西方)

지지로 미(未), 신(申)에 해당되며 계절로는 가을의 입구가 된다. 봄, 여름에 뿌리고 가꾼 씨앗의 결실을 보여 주는 가을의 속성을 닮아서일까, 남서쪽은 봄, 여름에 수고한 결실을 안겨 주는 운기를 발생시킨다.

열심히 노력하여 정상에 올랐다고 생각한 순간, 어이없는 착각으로 실패의 나락으로 빠져 고통에 몸부림칠 때, 남서쪽의 기운은 분명 실패한 일을 성공으로 바꾸는 기적을 연출한다.

⑤ 서쪽(西方)

금(金)에 해당되는 서쪽의 천간은 경(庚), 신(申). 지지는 유(酉)가 되는데 황금과 연관되어 돈(錢)과 밀접한 관계가 있다. 돈을 많이 모을 수 있는 것은 아니지만, 자금이 막혀 곤란에 빠져 있을 때 지출할 만큼의 돈은 융통(融通)되는 방위가 서방(西方)이다.

돈의 출입이 빈번한 즐거움 외에도 기분이 좋아지면서 평소 서먹한 사람과도 친밀감을 느낄 수 있고, 짝사랑하는 사람에게서 관심이 나타나는 즐거움을 맛볼 수 있는 방위다.

⑥ 서북쪽(西北方)

지지로는 술(戌), 해(亥)에 해당되며 하늘의 천문성(天文星)으로 대체적으로 학문을 좋아하고 신심(信心)이 깊은 특징이 있으며 정신적인 면에 특히 관심이 많다.

서북쪽은 승패(勝敗)를 결정짓는 사안(事案) 즉 입사시험, 입찰 등의 경쟁에 승률을 최고조로 높여 주는 운기를 발생시키는데, 하늘의 기운인 천문성이 작용하는 것은 아닐까.

그러나 자신의 운이 좋지 않아 자제해야 할 때 너무 무리하게 승부를 거는 것은 삼가야 한다.

⑦ 북쪽(北方)

오행으로 물(水)에 해당되며 물은 지혜를 상징한다. 어떤 형태에서도 물은 스며들어 그 상황과 화합을 하는데, 불화와 반목으로 이해가 요구될 때 필요한 방위이다.

돈으로 인한 고통도 고통이지만 더 큰 고통은 사람과 소통이 안 되는 고통이 아닐까? 부모, 자식 간이나 사랑하는 부부 사이에 대화가 되지 않아 답답하고 괴로울 때 그래서 파경(破鏡)에 이르는 경우 북쪽의 기운을 활용하라.

⑧ 동북쪽(東北方)

지지로는 축(丑), 인(寅)에 해당되며 겨울에서 봄으로 넘어가는 길목이 된다.

서쪽이 오행으로 금(金)이 되어 돈의 출입이 빈번해도 정작 돈은 모이지 않는 데 비해 동북방은 재운(財運)을 불러와 돈이 모이게 하는 운기를 발생시킨다.

경영하는 사업이 자본 부족으로 망해 갈 때, 돈 때문에 생사의 기로에서 방황하고 있을 때 동북방의 운기를 활용하라. 또 새로운 개혁을 시도할 때도 동북방의 운기가 작용한다.

제7장

수리론(數理論)

글자의 의미 못지않게 글자의 획수(劃數)인 수리도 중요하므로 수리의 개념을 충분히 이해할 필요가 있다.

고대 그리스의 수학자 피타고라스(Phytagoras, B. C. 582~B. C. 497?)는 수학자 이전에 유명한 철학자이며, 음악가이고, 천문학자였으며 또 한 교단의 교주였다.

그는 우주 만물의 시작의 근원을 수(數)로 보았으며, 서양 점성술의 원조(元祖)가 되는 수비술(數秘術)의 창시자(創始者)로 수(數)야말로 우주의 신비를 푸는 열쇠라고 설파했다.

동양철학인 『주역』이나 사주 추명학에서 핵심이 되는 오행설의 원천이 하도(河圖)와 낙서(洛書)에서 발견된 1에서 9까지의 숫자에서부터 시작되었다는 것을 보더라도, 숫자는 수량과 순위를 측정하는 단위 이전에 신(神)을 말하고 만물을 나타내는 철학의 한 분야로서 존재하였던 것이 아니었을까?

이름에 사용하는 수리의 판단은 대체적으로 일본 성명학의 대가이자 오성각(五聖閣)의 각주(閣主)였던 구마사키 겐오(熊崎健翁)가 1920년대에 창안한 수리론에 근거하고 있다.

1881년 기후현(岐阜縣)에서 태어난 구마사키 겐오는 소학교 임시 교사, 신문사 등을 전전하다가 42세 때인 1922년 일본식 성명학 연구에 몰두한다.

1929년에 발간한 자신의 저서인 『성명(姓名)의 신비(神秘)』에서 81 수리의 길흉에 대해서 이론을 나열했는데, 일제강점기인 1940년대 초 때 불어닥친 창씨개명은 구마사키의 이론을 정론화하는 계기가 된다.

혹자는 구마사키의 81 영동수는 송나라의 유학자인 채침(蔡沈, 1167~

1230, 호는 九峰)의『팔십일수원도(八十一數元圖)』에 뿌리를 두고 있다고 하는데 설득력은 떨어진다.

『팔십일수원도』는 81수를 통해 자연 만물의 순환 법칙과 생장, 소멸의 변화를 설명한다. 1에서 9까지의 숫자를 1-1 1-2… 1-9 2-1 2-2… 하는 식으로 가로, 세로 9개씩 모두 81개를 늘어놓아 설명하는데 구마사키의 수리론(數理論)처럼 길흉(吉凶)의 개념이 들어 있지 않고 전개방법이 전혀 다르다.

또 혹자는 일본이 창씨개명을 실시할 때(1940년 2월 11일), 유행한 작명 이론으로 일본의 4자 이름에 근거한 81 영동수의 수리론이 한국 이름에는 맞지 않는다고 하나 이 또한 설득력이 부족하다.

사주(四柱)나 주역(周易)이나 한문(漢文)은 원래가 중국의 오행사상에서 출발하여 동양 3국인 한국, 중국, 일본이 공통적으로 사용하고 있는 학술인데, 간점(看占)의 기준이 좀 다른 것은 있어도 근본적이고 전체적인 것은 같기 때문이다.

숫자는 제아무리 많아도 1에서 9까지의 의미로 함축된다. 10이라는 숫자를 완전수로 보고 여기에 우주 창조의 비밀이 숨겨져 있다고 생각한 피타고라스도 1에서 9까지의 수로 수비술(數秘術)을 만들었다. (후대에 들어와서 11과 22에 대한 이론이 추가되었다)

따라서 이름자의 수리를 판단할 때 1에서 9까지의 각각의 개념을 완전히 무시하고 지나치게 81 영동수에 의존하는 것은 바람직하지 못하다.

그러나 81 영동수는 고대 중국의 우임금 시대에 나온 신구낙서(하도낙서의 낙서와 같음)가 기본 원리이고, 또 오랫동안 사용해 오면서 많은 임상의 경험에 의한 통계이기 때문에, 나쁜 수리는 피하고 좋은 해설의 수리에 해당되는 글자를 취용하면서, 수리(數理)에 대한 새로운 이론이 나올 때까지는 일단은 참조를 해야 한다.

① 원형이정(元亨利貞)의 사격(四格)

한자 이름에 적용하는 이론으로, 성명의 세 글자나 네 글자(혹은 두 글자나 다섯 글자)를 원격, 형격, 이격, 정격 네 가지 방식으로 조합하여, 각 글자마다 나온 획수를 더해서 81 영동수에 적용시켜 길흉을 판단한다.

하도(河圖), 낙서(洛書)에서 나온 구궁도(九宮圖, 낙서에 있는 점 표시의 그림)가 근거가 되는 수리론 자체는 일본의 성명학 이론이라는 것이 거의 정설이다.

두 자 성이 많은 일본은 4격보다는 천격(天格), 인격(人格), 지격(地格), 외격(外格), 총격(總格)으로 구성되는 5격으로 성명의 길흉을 많이 판단한다.

4격의 이론은 일제강점기 때 한 자(一字) 성이 많은 우리에게 맞게 변형되어 오늘에 이르고 있다.

년, 월, 일, 시의 4개의 기둥으로 이루어진 사주(四柱)는 천간(天干), 지지(地支), 지장간(支藏干)이라고 하는 천, 인, 지 삼재(三才)를 표출하면서, 나하고 연관되는 육친(六親, 肉親)의 모습을 보여 주는데, 성명 역시 원형이정(元亨利貞) 즉 근묘화실(根苗花實)의 개념으로 구분하여 대체적인 육친의 흐름을 알 수 있다.

다음은 여러 경우의 수에서 원형이정을 산출하는 방법과 그 예시들이다.

차 한 잔으로 떠나는 작명 여행

1) 성 한 자(一字)에 이름 두 자(二字)인 경우

원격(元格) : 이름자 두 자의 획수를 합한 수.

　　　　(根 : 祖上, 幼年期, 대문)

형격(亨格) : 성과 상명(上名)의 획수를 합한 수.

　　　　(苗 : 父母, 初年期, 담안)

이격(利格) : 성과 하명(下名)의 획수를 합한 수.

　　　　(花 : 我身, 中年期, 안방)

정격(貞格) : 성명(姓名) 세 자의 획수를 합한 수.

　　　　(實 : 子孫, 老年期, 담 밖)

예 : 李靜美(이정미)의 원형이정

李 : 7획　　원격 : 성명 두 자 획수의 합. 16+9 = 25

　　　　　형격 : 성과 상명 획수의 합. 7+16 = 23

靜 : 16획　이격 : 성과 하명 획수의 합. 7+9 = 16

　　　　　정격 : 성명 세 자 획수의 합. 7+16+9 = 32

美 : 9획

2) 성 두 자에 이름이 두 자인 경우

원격(元格) : 상명 획수+하명 획수

형격(亨格) : 성 두 자 획수+상명 획수

이격(利格) : 성 두 자 획수+하명 획수

정격(貞格) : 성 두 자 획수+상명 획수+하명 획수

예 : 鮮于相植(선우상식)의 원형이정

鮮 : 17   원격 : 상명 9획+하명 12획 = 21

于 : 3   형격 : 성 20획+상명 9획 = 29

相 : 9   이격 : 성 20획+하명 12획 = 32

植 : 12   정격 : 성명 세 자의 합. 20+9+12 = 41

3) 성 한 자에 이름 한 자의 경우

원격(元格) : 상명 획수+하명 획수 1(가상의 수)

형격(亨格) : 성의 획수+상명 획수

이격(利格) : 성의 획수+하명 획수 1(가상의 수)

정격(貞格) : 성명 세 자의 합(가상의 수 1 포함)

예 : 許俊(허준)의 원형이정

許 : 11   원격 : 상명 9획+하명 1획 = 10

              형격 : 성 11획+상명 9획 = 20

俊 : 9   이격 : 성 11획+하명 1획 = 12

              정격 : 성명 세 자의 합. 11+9+1 = 21

(1) : 1(가상의 수)

차 한 잔으로 떠나는 작명 여행

4) 성 한 자에 이름 세 자인 경우

원격(元格) : 상명 획수+중명 획수+하명 획수

형격(亨格) : 성의 획수+상명의 획수

이격(利格) : 성의 획수+중명 획수+하명 획수

정격(貞格) : 성의 획수+상명 획수+중명 획수+하명 획수

예 : 李愛利水(이애리수)의 원형이정

李 : 7   원격 : 상명 13획+중명 7획+하명 4획 = 24

             형격 : 성 7획+상명 13획 = 20

愛 : 13   이격 : 성 7획+중명 7획+하명 4획 = 18

利 : 7   정격 : 성 7획 +상명 13획+중명 7획+하명 4획 = 31

水 : 4

② 원형이정(元亨利貞)의 이해

이름으로 운명을 추리(推理)할 때 글자의 해석(字意)에 앞서 각 궁위(宮位)를 4단계로 구분하여 사람의 일생을 추론하는데 근(根), 묘(苗), 화(花), 실(實)에 비유하기도 한다.

봄에 밭에 씨를 뿌리고 꽃을 피우고 가을에 열매를 거두어들이는 결실의 과정을 인생에 빗대어 구분한 것으로 성명학의 중심 이론 중 하나이다.

첫째, 원격(元格)은 1세부터 25세까지의 초년 운을 주도하며 조상과 유

년기의 환경과 운세 등을 본다. 집으로 보면 대문 정도가 되는데 평생운의 기반이 된다.

둘째, 형격(亨格)에서는 26세부터 45세까지의 청, 장년 시기의 운기(運氣)를 보며 부모, 성장 환경 등을 본다.

또 그 사람의 성격, 사회생활 전반을 보며 일생을 통해 아주 중요한 핵심적 위치로 작명에 중요한 포인터가 된다. 집으로 보면 담 안에 해당된다.

셋째, 이격(利格)에서는 46세부터 65세까지의 중년 운을 보며 주위환경과 대인관계의 상태 등을 추론한다. 집으로 보면 안방에 해당된다.

넷째, 정격(貞格)은 66세부터 말년까지의 운기(運氣)를 주도하는데 자손(子孫)과 노후의 상태를 추론하기도 하며 인생 전반에 작용한다. 집으로 보면 담장 밖으로 본다.

원형이정 4격이 주도하는 시기를 옛날에는 1세부터 20살까지를 원격으로 하여 이후 20년씩 구분하였으나, 사람의 수명이 길어진 관계로 요즈음은 1세부터 25세, 26세부터 45세, 46세부터 65세, 66세부터 말년까지로 각각 5년씩 늘려 추론한다.

③ 천, 인, 지, 외, 총격(天, 人, 地, 外, 總格)의 5격

성명의 글자를 다섯 가지 방식으로 조합하여 운세(運勢)와 길흉(吉凶)을 추리하는데 성(姓)과 이름의 글자 수에 따라 5격의 산출방법이 다르다.

천격은 빼고 인격, 지격, 외격, 총격의 4격을 81 영동수에 대입하여 운

세(運勢)의 길흉을 추리하는데, 산출방법이나 용어는 다르지만 내용적으로는 원형이정의 4격 이론과 비슷하다,

5격의 인격은 4격의 형격, 지격은 원격, 외격은 이격, 총격은 4격의 정격에 해당된다.

다음은 여러 경우의 수에서 원형이정을 산출하는 방법이다.

1) 성 한 자(一字)에 이름 두 자(二字)

천격 : 성 획수+1천수

    (一天水 : 한 방울의 물이 만물을 키운다는 의미임)

인격 : 성 획수+상명 획수

지격 : 상명 획수+하명 획수

외격 : 하명 획수+1(一天數. 一天水와 같은 개념임)

총격 : 성 획수+상명 획수+하명 획수

2) 성 한 자에 이름 한 자

천격 : 성 획수+1(一天數)

인격 : 성 획수+이름 획수

지격 : 이름 획수+1(一天數)

외격 : 1(성의 一天數)+1(이름의 一天數)

총격 : 성 획수+이름 획수

3) 성 두 자에 이름 두 자

천격 : 성 두 자 획수

인격 : 성 둘째 글자 획수+상명 획수

지격 : 상명 획수+하명 획수

외격 : 성 첫째 글자 획수+하명 획수

총격 : 성 두 자 획수+상명 획수+하명 획수

4) 성 두 자에 이름 한 자

천격 : 성 두 자 획수

인격 : 성 둘째 글자 획수+이름 획수

지격 : 이름 획수+1(一天水)

외격 : 성 첫째 글자 획수+1(一天水)

총격 : 성 두 자 획수+이름 획수

④ 형격(亨格)의 특별한 수리(數理)의 이해(理解)

원형이정의 4격 이론에서 대체로 중심이 되는 것이 형격(亨格)인데(5격
에서는 人格), 형격의 수(數)는 그 사람의 성정(性情)의 단면이나 취향(趣
向), 사회성(社會性) 같은 것을 대체적으로 가늠해 보는 중심 잣대가 된다.

81 영동수 이전에 단순히 형격만을 볼 때는, 10획까지는 아래 해설을 참

차 한 잔으로 떠나는 작명 여행

조하고 총 획수가 10획을 넘어가면 10을 제외한 단수로 그 잠재성을 추론한다.

1) 1

1은 하나의 의미이고 시작과 존재의 의미를 가리키는데 양수(陽數)의 첫째로서 의지의 강함, 적극성과 강력한 독립심을 나타낸다.

『주역(周易)』에 의하면 천지의 수인 대연수(大衍數)는 50이다. 따라서 점(占)을 칠 때는 대나무 막대기(筮竹) 50개를 가지고 점을 치는데, 이때 한 개는 따로 모셔 두고 실제는 49개를 사용하여 점을 친다.

50개 중 따로 둔 하나는 모든 존재 즉 모든 유(有)의 모체가 되는 무(無)를 상징하는 태극(太極)에 속하는 것으로 보기 때문이다.

가장 적은 수인 1은 하나가 되었을 때, 가장 큰 수인 조(兆)나 무한을 포함하는 전지전능한 신(神)의 수가 되는 무한의 개념이 되기도 한다. 그래서 1을 신의 수로 보기도 한다.

사람의 성정(性情)은 침착하고 매사에 적극적으로 임하며 남성적이며 친화력이 있고 금전에 대한 집착력이 강하다.

사업가, 군인, 종교인, 지도자, 교육자 등의 직업에 적합하다.

2) 2

1이 하늘의 수로 빛을 의미하고 신(神)을 의미한다면, 2는 어둠과 땅과 악마(惡魔)를 의미한다.

서양에서는 1월 1일은 신에게 바쳐지는 신성한 날이고, 2월 2일은 악마의 날이며 불길한 날로 본다.

사람 인(人)이라는 글자는 두 사람이 서로 지탱하며 의지하는 모습이기도 하지만 대립하는 모양이기도 하다.

즉 2는 숫자로서 2번째라는 개념도 있지만 해와 달, 물과 불, 부드러움과 강함, 죽음과 부활 등과 같이 서로 대립하면서 조화되는 개념으로서의 의미가 더 강하다.

동양에서는 태극(太極)을 모든 사상의 본체로 보는데, 태극은 음양(陰陽)이라고 하는 개념에서 상하(上下) 2개로 나뉘어져 있다. 모든 것은 하나처럼 보이지만 대립과 조화라는 2가지 성질로 인하여 온전한 하나가 되는 것이 만물의 이치다.

서양의 기독교 문화에서도 천국과 지옥, 그리스도와 반그리스도, 선과 악같이 이원론적인 사고가 중심사상이 되는데, 2는 단순히 두 번째라는 의미보다는 좀 더 심도 있는 포괄적인 개념의 숫자이다.

대체적으로 혼합, 분리, 수동성, 여성적인 의미가 있고 형격의 수가 2인 사람은 대체적으로 금전욕과 질투심이 강하고 고집이 세다.

직업으로는 사무직, 기술직, 노동직 등에 적합하다.

3) 3

문화와 관습(慣習)을 뛰어넘어 세계적으로 사람들이 제일 좋아하는 수가 3이다.

동양문화에서 한자 三은 맨 위의 획은 하늘을, 중간 획은 인간을 맨 아

차 한 잔으로 떠나는 작명 여행

래 획은 땅을 의미하는 모양으로 신성시하는 숫자이다. 서양의 기독교 문화에서도 성부, 성자, 성령의 삼위일체 개념 과 3일 만에 부활하신 예수님, 예수님의 탄생을 축하하러 온 세 명의 동방박사가 가지고 온 3가지 보물(황금, 유향, 몰약) 등과 같이 3이라는 숫자와 많은 관계를 맺고 있다.

불교에서도 3은 대단히 중요한 숫자인데 세 가지 보물이라고 하는 삼보(三寶)는, 불(佛), 법(法), 승(僧)으로 삼보에 귀의하는 것을, 일반 신도의 신앙의 최고 목표점으로 하고 있다.

조선은 철저히 유교를 맹신하던 사회였는데 통치의 이념(理念)에서 가장 중요하게 여겼던 것은 삼강(三綱)이었다. 즉 군위신강(君爲臣綱), 부위자강(父爲子綱), 부위부강(夫爲婦綱)의 3가지로 왕과 신하와의 관계, 아비와 자식 간의 관계 그리고 부부의 도리에 대한 기준이었다. 이 외에도 3은 많은 종교에서 신성시하는 숫자이다.

형격이 3인 사람은 대체적으로 활동력이 왕성하고 과단성이 있다. 다소 격정적인 면이 있어 급진적인 행동을 하는데 인내심을 기름이 좋다.

사업가, 정치가, 군인 등의 직업에 적합하다.

4) 4

고대 서양에서는 물, 불, 공기, 흙이라는 네 가지 원소가 만물을 구성한다고 믿었는데, 동양의 오행설과 같은 개념으로 서양에서도 4라고 하는 숫자에 각별한 의미를 부여하고 있다.

1에서 4까지의 수를 더하면 완전수 10이 되는데 이때 4의 기여도가 제일 크기 때문에 고대 그리스에서는 4를 성스러운 수로 보기도 했다. 동서

양을 막론하고 동서남북이나 봄, 여름, 가을, 겨울 등 시공(時空)의 개념
을 표시하는 숫자로서 4는 매우 중요한 숫자이다.

그러나 생활관습에서 한국, 중국, 일본은 공히 4라고 하는 숫자를 죽음
(死)이라는 의미를 연상하여 매우 불길하게 취급하고 있다. 그래서 건물
이나 아파트 같은 곳에서는 4층은 아예 없거나 5층으로 바로 넘어가기도
한다.

형격이 4가 되는 사람은 대체적으로 신중하며 지혜가 뛰어나지만 독립
심이 부족하다. 또 정신적으로 불안하며 번민이 많고 쉽게 결정했다가 곧
후회하기도 한다.

직업으로는 종교인, 예술 계통, 학자 등에 적합하다.

5) 5

태극(太極)에서 음양(陰陽)이 나오고 음양에서 오행(五行)이 나와 비로
소 오행이 만물을 낳는다는 동양사상에서 보듯이, 5는 동양에서 아주 중
요한 숫자로 여겼는데, 서양에서도 5는 손가락, 발가락이 다섯 개라는 이
유만으로도 중요 숫자로 인식되어져 왔다.

형태상으로 사각(四角)으로 안정된 상태에서 일보 전진한 모양의 5는,
새로운 것에 대한 불안감 같은 것이 있어 타인에 대한 경계심이 있다. 그
래서 쉽게 친해졌다 쉽게 싫어하기도 한다. 그러나 자신감과 정감(情感)
있는 성품으로 상하의 신망을 얻으면서 스스로 주위와 동화되어 신망을
얻기도 한다.

겉으로는 온화하게 보이나 속은 강한 기질이 있어 자신에 대한 명예에

집착한다. 재운(財運)보다는 관운(官運)이 좋아 관직으로 나가면 대승하며, 말년이 더욱 유복하다.

군인, 정치가, 기술직, 사업가 등에 적합하다.

6) 6

주역(周易)에서는 1부터 5까지의 수를 생수(生數)라 하고, 6에서 10은 성수(成數)라고 한다. 생수 가운데 양(陽)의 수 1, 3, 5를 합하면 9가 되고 음(陰)의 수 2와 4를 합하면 6이 된다.

또 양의 기본수 3과 음의 기본수 2는 삼변(三變)하여 변화를 이루므로, 노양수(老陽數)는 9가 되고 노음수(老陰數)는 6이 된다. 즉 6은 음수(陰數)의 두령수(頭領數)가 되는데 하늘과 땅에서 복을 받아 풍족한 생활을 영위하지만 결국에는 파탄을 초래한다.

주역의 8괘(卦) 중에 6번째가 감(坎)괘인데 물구덩이에 빠지는 형상으로, 6 감수궁(坎水宮)의 괘들은 거의 흉한 의미를 가지고 있다.

기독교 문화에서도 짐승의 수를 666으로 규정하고(고대 그리스 문자는 아라비아 숫자가 사용되기 전까지는 글자들이 숫자로 쓰였다), 재림주가 와서 마귀를 누르고 세상을 구한다는 믿음이 있는데 이때 마귀는 6이고 얽매임은 18, 재림이 42, 싸움이 600이다. 이 합이 666으로 계산되어 기본이 되는 6을 그렇게 기분 좋은 수로 보지 않는다.

원형이정의 모든 격에서 영동수 26은 특히 문제의 수로 기괴한 운명의 사람에서 많이 나타나므로 기피함이 좋다.

형격이 6인 사람은 보수적이고 침착하며 군인, 기술직 등에 적합하다.

7) 7

기독교 문화에서 7이라는 숫자는 대단히 중요한 의미를 가지는데, 아마도 사각형의 땅 위에(고대 유대인은 땅을 사각형으로 보았다) 신성을 의미하는 3을 더한 수가 7이라고 생각했기 때문이었을 것이다.

성경에도 요한계시록의 일곱 천사, 일곱 재앙, 일곱 인물, 또 노아 방주에 들어간 정결한 짐승들 일곱 쌍, 노아가 방주에 들어간 날부터 7일 만에 홍수가 시작된 점 등 7이라는 숫자가 700번 이상 기록될 정도로 7은 중요한 수로 인식되었다.

일반적으로 7의 배수는 자연의 어떤 현상들과 연관을 가지는 데, 사람의 임신에서 출산까지가 280일(4×7×10), 닭의 부화 기간이 21일(3×7), 비둘기 부화 기간이 14일(2×7), 여성의 생리 주기 28일(4×7) 등 신성의 의미가 강한데, 서양에서는 7을 행운(幸運)의 수로 본다.

형격이 7인 사람은 불굴의 의지와 용감한 기상의 소유자로 강한 인내력으로 아주 어려울 때 돌파 능력이 탁월하다. 단 지나치게 강하여 융통성이 부족하여 주위로부터 비난을 받을 수가 있으므로 스스로 자중함이 필요하다.

직업으로는 군인, 정치가, 사업가 등에 적합하다.

8) 8

우주의 상징을 8괘(卦)로 풀어 8×8=64괘로 해설한 『주역(周易)』은 동양 철학의 정수(精髓)이며 동양 최고의 학문이다. 그래서인지 중국인은 8에 대한 애착이 유별나다. 한자의 八은 밑으로 넓게 뻗어 나가려는 형상으로 무한한 가능성을 담고 있다고 생각한 듯하다.

서양에서도 8은 부활을 의미하는데 666이 짐승의 수, 혹은 악마의 수라고 한다면 888은 부활을 3번 반복하는 완전한 수로 부활하는 성도를 의미한다. 예수의 이름 역시 히브리어로 계산하면 J(10), E(8), S(200), O(70), U(400), S(200)으로 합이 888이 된다.

형격이 8인 사람은 대체적으로 의지가 투철하고 진취의 기상이 뛰어나서 많은 어려움을 만나도 돌파하여 결국에는 성공을 한다.

그러나 지나치게 욕심을 부려 매사 함부로 처신하면, 큰 재난에 빠질 수 있으니 조금의 성공이 왔을 때 더욱 조심해야 한다. 또 자존심이 강하면서 완고한 면이 있어 주위와 화합하지 못하는 단점 때문에, 주위 사람들과 자주 쟁론에 빠지기도 하는데 스스로 수양하고 근신(謹身)함이 필요하다.

직업으로는 군인, 정치가, 기술직 등에 적합하다.

9) 9

양수(陽數)의 두령수(頭領數)가 되는 9는 완전수 3의 배수로 지나치게 완전하여, 오히려 완전하지 못할 수 있으니 조심하라는 경고의 의미도 담고 있다.

예로부터 아홉수를 조심하라는 말이 있다. 스물아홉, 서른아홉, 마흔아홉, 쉰아홉, 예순아홉을 조심하라는 의미인데, 인생사에서 늘 한 번씩 나타날 수 있는 중대한 고비가 9와 연관이 있다는 것은, 아무리 신성하고 완전하다 해도 과유불급(過猶不及)이라 정도를 지나치면 미치지 못함과 같다는 이유이리라.

형격이 9인 사람은 대체로 활동력이 왕성하여 지모와 재능이 있고 신앙심도 강하고 인정미 넘치는 박애주의자(博愛主義者)가 많다. 그러나 마음 한편에는 격정적인 성격도 있으므로, 쉽게 성내고 쉽게 풀리기도 하는 가벼움도 보일 때가 있다.

구사일생(九死一生)이라는 말은 어려운 고비를 많이 넘기고 살았을 때 하는 말인데, 이토록 9라는 숫자는 극한으로 달리려는 의미가 강하므로 병약, 빈곤. 불구, 고난 등의 흉한 운기(運氣)에 직면하기 쉽다.

직업은 예술가, 기술자, 종교인, 사업가 등에 적합하다.

10) 10

10의 숫자는 아주 작은 개념의 1에다 아무것도 없는 0을 붙여 가장 완벽하고 큰 수라는 10의 뜻을 만들어 내는데 부정의 부정이 긍정이 되는 이치와 같다. 작은 것에 아무 것도 아닌 것을 더하면 더 작아지는 것이 아니라 완전하고 무한한 개념을 만들어 낸다.

하늘을 의미하는 10천간(天干)이나 수를 헤아리는 10진법 등 인간 사회의 문명의 기초를 만든 10은 많음과 완벽을 의미하는 완전수이다.

지나치게 많음과 지나치게 완벽함은 지나침으로 인해 오히려 공망수(空亡數)로도 보기 때문에 인간사에서는 육친의 생리사별(生離死別), 형벌, 재난, 질병 등을 암시하는 의미가 강하니 각별한 주의를 요한다. 특히 역술(易術)에서는 공망을 천중살(天中殺)이라 하여 아주 중시한다.

그러나 한편으로 공망(空亡)은 아무것도 없는 상태이기 때문에 어중간

하게 있는 것보다 오히려 나을 수도 있다. 따라서 10이라는 숫자는 바닥에서부터 난관을 극복하고 올라와, 결국에는 대성할 수 있는 수라고 보기도 한다.

직업은 종교가, 예술가, 학자, 저술가, 연구직 등에 적합하다.

숫자 이야기

이름자의 획수(劃數)가 나타내는 숫자를 가지고 운명(運命)을 추론하는 것은 하도, 낙서가 바탕이 되는 81 영동수의 해설을 참고로 하고 있다.

영동수의 해설을 별개로 하고 현실에서 느낄 수 있는 수(數)의 개념은 양(量)을 표시하는 단위로서 돈이 얼마나 많이 있다든가, 상대방보다 몇 표 더 많이 얻어서 당선되었다든가, 또는 최고 점수를 받아서 수석으로 합격되었다는 등 거의가 양적인 의미로 인식되고 있는 것이 사실이다.

옛날 중국의 춘추전국 시대쯤에 일어난 일이다. 어느 왕조인가는 분명치 않으나 한 나라가 적의 맹렬한 공격으로 패망 직전의 절망적인 궁지에 몰리고 있었다.

수도(首都)가 함락되기 직전의 위급한 상황에서 신하들과 장군들의 의견들도 제각각 달라 항복을 하자는 사람, 그냥 모든 것을 버리고 도망가자는 사람 등등으로 의견이 분분했다. 그중에서도 모든 조건이 절대적으로 열세인 현 상황에서 분하지만, 성을 버리고 후퇴하여 후일을 도모하자는 사람들이 절대 다수였다.

그러나 일부 젊은 사람들은 여기서 물러서면 다시 재기(再起)하기 절대 쉽지 않으니, 모두 목숨을 버리는 한이 있더라도 총공격을 감행하여 결사 항전을 해야 한다면서 항전의 의지를 굽히지 않았다.

결국 사람들은 후퇴와 결사 항전의 두 편으로 나뉘어 회의장은 어수선한 분위기가 되었다. 즉 공격과 후퇴의 기로에서 하나를 결정해야 하는 긴박한 순간이 온 것이다.

갑론을박 끝에 결국에는 왕과 신하들은 빠지고 전투의 당사자인 장군들의 결정에 따르기로 하고 투표(投票)를 하게 되었다. 절체절명의 순간에 왕과 대신들은 빠진 채 장군들의 투표의 결과로 공격이냐 후퇴하느냐를 결정하는 것이다.

투표 결과 11명의 장군 중 최후까지 공격을 감행하자는 장군은 3명, 후퇴하여 후일을 도모하자는 장군은 8명으로 후퇴하자는 의견이 절대적으로 대세였다.

꼭 민주주의 사회가 아니더라도 다수결의 원칙을 고수하는 경우, 다수의 의견을 따르는 것이 원칙이다. 이 경우에도 절대 다수로 우세한 후퇴의 의견을 따르는 것이 당연한 것이다.

그러나 이 사람들은 투표의 결과를 무시하고 조용히 공격을 감행했다. 이 결정에 어느 누구도 이의를 달거나 반대함이 없이 공격을 감행하여 결국에는 적을 물리치고 승리하여 왕국을 지켰다.

양적으로 8이라는 숫자가 3보다 많은 수임에는 틀림이 없으나, 질적인 면에서 3은 8보다 더 신성하고 의미가 강한 수라 는 것을 알고 있었기에, 누구 하나 반대함이 없이 공격을 감행하게 되고, 그 신념으로 승리를 하게 된 것이다.

이 이야기에서 보듯이 숫자의 개념은 많고 적음이라는 양(量)의 개념 못지않게, 실제의 내용을 의미하는 질(質)의 개념도 중요하다 하겠다.

제8장

81 영동수(靈動數)

① 영동수(靈動數)의 이해

작명이라고 하면 우선 사주(四柱)를 보고 그 사람의 전체적인 성품을 가늠하고, 다음으로 치중하는 것이 81 영동수인데, 아직도 맞다, 안 맞다 하는 논쟁의 여지는 있지만 그동안의 임상 경험상 중시하지 않을 수는 없다.

논쟁의 결정적인 이유는 81 영동수가 무조건 맞다고 말할 수 있는 이론적인 근거가 부족하기 때문이다.

수천 년의 역사를 자랑하는 서양의 수비술(數秘術)도 1에서 9까지의 수와, 근대에 와서 보완되어 늘어난 11과 22 포함, 총 11가지의 수만으로 운세를 추리하는데, 81 영동수는 우선 개수가 너무 많다.

20획이 넘어가는 성씨가 13개 정도이고 20획이 넘어가는 글자 중에 이름자로 쓸 수 있는 글자도 극히 제한적이다. 즉 81개의 해설서라고 하나 실제 사용하는 숫자의 해설은 그보다 훨씬 적다.

1이나 2, 3 같은 단수의 경우에도 이름자에는 별로 적용이 안 되지만, 그래도 형격에라도 적용시켜 그 이름의 대체적인 근간(根幹)이라도 살펴볼 수 있다고 하지만, 70이 넘어가는 수에 대해서는 이름으로 사용한 것이 별로 없어, 검증(檢證)을 받아 본 적이 거의 없다.

이론적인 근거가 부족한데도 영동수를 무시하지 못하는 이유는 수에 대한 확실한 이론서가 없고 또 그동안의 임상 경험을 무시하지 못하기 때문이다.

예를 들어 4격에서 어느 격에 들어가더라도 26수, 22수는 피하는 것이 좋고, 9와 0으로 떨어지는 수도 길보다 흉이 많다고 하는, 수십 년간 많은 사람의 경험에서 나온 임상은 결국에는 81 영동수를 우선 참고하지 않을 수 없게 만들었던 것이다.

따라서 절대적으로 영동수에만 의존하는 것은 무리가 따르니 이름자의 전체적인 의미와 오행의 배치 등을 참고하여 적당히 조화를 맞추어 응용하기 바란다.

② 영동수(靈動數)의 해설

1 수 : 태초격(太初格) - 두령운(頭領運)

우주 본원의 기본수이며 만사의 시작과 출발을 나타내는 기본수이다. 최고의 좋은 수로 부귀, 공명, 장수, 행복의 뜻이 담겨 있다.

매사를 처음 시작하다 보면 한때 고초도 따르지만 봄의 기운이 발동되는 기세라 만난을 물리치고 성공하는 길한 수이다.

2 수 : 분산격(分散格) - 고독운(孤獨運)

칠흑(漆黑) 같은 어두운 밤에 먹구름까지 끼어서 앞길에 상당한 고난을 예고하는 흉한 수로 혼돈과 불안을 암시한다.

일시 성공은 할 수 있으나 오래 지속되지 못하고 중도에 몰락한다. 배우자, 자식과의 연(緣)이 박하고 질병, 사고 등의 액운을 만나기도 한다.

3 수 : 명예격(名譽格) - 복록운(福祿運)

음양이 형성된 좋은 수로 인덕(人德)이 있고, 최대의 경사와 복을 불러오는 수이다.

지혜가 뛰어나고 융화력이 뛰어나 만인에게 이름을 알리면서 두령으로서 어떤 일이든 성공을 한다. 건강하고 장수하며 많은 사람들의 도움으로 성공하는 매우 길한 수이다.

4 수 : 사멸격(死滅格) - 파괴운(破壞運)

바쁘게 움직이나 끈기나 융통성이 부족하여 결실이 없고 실패와 고난 속에서 항상 좌절한다. 오른쪽으로 도망치자니 큰 강이 막고 있고 왼쪽으로 나가자니 홍수라 진퇴양난으로 고심하며 부모, 형제 덕이 없다.

병란, 조난, 변사 등의 흉운을 만나며 자식과의 인연도 박하다. 간혹 효자, 열녀, 호걸 등의 인물이 나올 수 있으나 나쁜 수이다.

5 수 : 통어격(統御格) - 명재운(名財運)

지혜와 덕을 겸비하여 사방을 통솔하는 수로 재물과 권력이 겸전하여 만인지장(萬人之將)의 풍모를 가진 수이다.

또 5의 수는 음양이 교감하여 화합이 완벽한 상이며. 큰 성공을 하는데 복록, 장수(長壽), 부귀영화와 인연이 깊으며 부부와 자손이 화합하며 가정을 재건하는 수이기도 하다.

6 수 : 계승격(繼承格) - 덕후운(德厚運)

하늘과 땅에서 덕을 주어 경사와 복이 풍성하여 가세가 성대하게 뻗어나가는 형상의 수이다.

온후하고 독실한 기풍으로 만인과 화해하며 확고부동한 신념으로 조업(祖業) 또는 사회적 대업을 계승하여 성취하는 수이기도 하다.

단 가을바람이 점차 차가워지는 것처럼 방심하여 큰 성공 끝에 슬픔을 맛볼 수도 있으니 자중하는 지혜가 필요하다.

7 수 : 강성격(剛性格) - 발전운(發展運)

모래를 일구어 금을 채취하는 형상으로 강한 독립심과 인내심으로 모든 어려움을 견디고 결국에는 성공하는 발전적인 수이다.

다소 동화력이 부족하여 주위와 화합하는 문제에 곤란이 생길 수도 있으니 자중하면 대길에 이르는 수이다. 단 여성이 사용하면 남성적인 성향을 가질 수도 있다.

8 수 : 발달격(發達格) - 전진운(前進運)

우물을 파서 샘물을 얻은 격으로 아무리 어려워도 신념을 가지고 노력하는 타입으로 결국에는 뜻과 소망을 달성한다.

의지가 강하고 진취의 기상이 뛰어나서 스스로 독립하는 능력이 있다. 또 개척정신이 강해 부모의 도움 없이 쉽게 자수성가도 하는데 독단적인 성정이 있으므로 주위와 마찰을 조심해야 한다.

9 수 : 종국격(終局格) - 시휴운(時虧運)

달이 차면 기운다는 종국(終局)의 운세로 총명하고 민첩한 수완으로 큰 성공을 이루었다가 결국에는 중도에 좌절하는 실패한 영웅에 비유된다.

부모, 형제의 덕이 없고 부부 이별 등 생활이 불안정하다. 매사 성공 직전에 실패가 많으며 불세출의 영웅에 비유된다.

10 수 : 귀공격(歸空格) - 공허운(空虛運)

단 위에 말을 풀어놓은 격으로 만사가 어지럽고 매듭이 지어지는 일이 없고 장애를 받아 성공하기가 어렵다.

파산과 육친 이별의 고통에 직면할 수 있으며 조난, 질병, 형옥 등의 고초가 많이 따르고 끈기가 부족하여 매사가 용두사미로 실패한다. 그러나 대흉(大凶)은 대길(大吉)에 이를 수 있다 는 역(易)의 논리에서 크게 성공한 사람도 간혹 있다.

11 수 : 갱신격(更新格) - 재흥운(再興運)

성실하고 사교적이며 주위에서 많은 사람들의 도움을 받아 매사에 난관이 없이 무탈하게 성공하여 일가를 재기시키는 아주 좋은 수리 중의 하나이다.

부부가 해로하고 부귀가 겸전하며 귀한 자식을 둔다.

12 수 : 유약격(柔弱格) - 고수운(孤愁運)

굶주린 새가 매를 만났으니 설상가상으로 액난과 실패의 고통(苦痛)으로 심하면 단명한다.

박약한 의지로 되는 일이 없고 항상 무리가 따르며 가족은 이산되거나 생리사별하며 질병으로 신음하기도 한다. 작은 것부터 착실히 쌓아 가는 노력이 필요하다.

13 수 : 총명격(聰明格) - 지달운(智達運)

세상의 한가운데로 말을 타고 질주하는 형상으로 지도자로서의 위풍은

능히 삼군(三軍)을 통솔하고도 남음이 있다.

명철한 두뇌, 탁월한 지혜는 타의 추종을 불허하며 대업을 성취하여 부귀와 명성을 높이 떨치는 대길의 수이다. 자손도 창성하리라.

14 수 : 이산격(離散格) - 파괴운(破壞運)

가을 제방에 버드나무 하나 달랑 피어 있는 격이니 유약하고 번민과 고뇌가 심하며 부모, 형제와의 이별, 고독, 조난, 단명이 우려되는 수이다.

매사가 순조롭지 못하고 노력은 하나 공이 없다.

15 수 : 통솔격(統率格) - 복수운(福壽運)

작은 못에서 놀던 용이 마침내 바다로 나가는 형상으로 대업을 성취하고 부귀 번영하는 아주 좋은 수 중의 하나이다.

처음에는 다소 곤란이 따르기도 하지만 결국에는 자수성가하여 상하의 신망과 수복이 무궁해지는 길수이다.

16 수 : 덕망격(德望格) - 유재운(裕財運)

허물어진 집을 다시 짓는 형상이니 길하며 아량이 넓어 만인과 소통함에 아무런 장애가 없는 중후한 인품의 소유자이다.

흉에서 길로 쉽게 변하는 상으로 남들을 통솔하는 두령의 기질이 있고 큰 사업을 시작하여 성취한다. 특히 여성은 현모양처 격의 수리이다.

17 수 : 용진격(勇進格) - 창달운(暢達運)

구름을 헤치고 달을 보는 격이니 굳건한 의지로 만난을 돌파하고 대업을 성취하는 좋은 수 중의 하나이다. 허약자가 이 수를 얻으면 건강해지는 계기를 만들어 주기도 한다.

권위와 박력 그리고 자신만의 신념으로 밀고 나가 성공하지만 주위와 충돌을 잘하니 인화에 반드시 주의해야 한다.

18 수 : 발전격(發展格) - 융창운(隆昌運)

사업에서 성공하는 좋은 수리 중의 하나이며 한번 세운 뜻은 끝까지 관철하려는 의지가 강한 수이다.

단 포용력의 부족과 지나치게 완고함으로 인해 가정불화, 사회적 불통이 올 수 있으므로 항상 자신의 수양에 힘써야 한다.

19 수 : 성패격(成敗格) - 병약운(病弱運)

돌 위에 소나무를 심는 격이니 노력한 만큼 결실이 없다. 부모, 형제의 덕이 없고 배우자, 자녀와의 생리사별이 따른다.

재능과 활동성은 뛰어나지만 매사에 의외의 장애와 난관에 막혀 중도에 좌절하면서 형벌, 질병, 단명의 비운에 빠지기도 한다.

20 수 : 허망격(虛妄格) - 단명운(短命運)

눈 속에 핀 부용화처럼 고독과 슬픔에 빠지면서 매사가 허망하게 수포로 돌아간다.

자질과 재능이 있어도 빛을 발휘하지 못하고 역경에 빠지면서 질병과 단명으로 비운에 빠지는 수리이다.

단 이 수가 중복되어 선천명과 합국하면 의외로 큰 인물이 나오기도 한

차 한 잔으로 떠나는 작명 여행

다. 이때 사주는 신왕을 기본으로 한다.

21 수 : 자립격(自立格) - 두령운(頭領運)

신검(神劍)이 용으로 변하는 격이니 남자는 당연히 영웅으로 출세하며 아무리 어려운 일에 직면하여도 난관을 극복할 수 있으며 결국에는 성공하는 대길의 수이다. 만인을 영도하는 지도자의 자질이 충분하며 부귀와 공명을 누린다.

단, 여자는 고독하거나 무자(無子)할 수 있으니 성정을 조율하는 지혜가 필요하다.

22 수 : 중절격(中折格) - 단명운(短命運)

재능도 뛰어나고 노력도 남 못지않게 하지만 중도에 쉽게 좌절하며 결국에는 허무하게 실패한다. 매사가 될 듯하면서 되지 않고 역경에 빠지고 비운(悲運)이 잇따른다.

부부가 이별하고 고독과 병고에 시달리는 불운(不運)의 수로 주의를 요한다.

23 수 : 공명격(功名格) - 융창운(隆昌運)

명철한 두뇌와 탁월한 덕량으로 비천한 환경에서도 출세하여 남들 위에 군림하여 영도적 지위에 오른다. 대중에게 인기가 있고 명망이 높아 보스로서의 자질(資質)이 강하다.

단 이 수가 중복이 되면 너무 강해 부러지듯이 중도에 크게 실패 혹은 변사(變死)할 수 있다. 여자는 생리사별(生離死別)이나 무자(無子)된다.

24 수 : 출세격(出世格) - 축재운(蓄財運)

처음에는 빈약하나 지모(智謀)가 뛰어나고 불굴의 노력으로 이에 재물이 쌓여 창고에 가득하니 대업을 완수하고 세상에 이름을 떨친다.

특히 관리로서 성공하여 이름을 날리기도 하는데 이때 지나치면 형액(刑厄)을 당할 수도 있으니 조심하여야 한다.

25 수 : 안강격(安康格) - 재록운(財祿運)

도량이 넓고 수완이 좋아 자수성가하여 성공하는데 특히 재물 복이 뛰어나게 좋다. 부부가 해로(偕老)하며 자손의 복도 있으며 사업을 시작하여 크게 성공하는 사업가로서의 자질이 출중하다.

단 유약한 면이 있어 언행이 일치하지 않아 사업상 지장을 초래하기도 하니 주의를 요한다.

26 수 : 만달격(晚達格) - 영웅운(英雄運)

이 수는 영웅괴걸적(英雄怪傑的)인 면이 강하고, 의협적인 기개와 영웅적인 수완이 출중하여 성공하여 만인을 영도하는 위치에 오르기도 한다. 불세출의 위인이나 괴걸적인 영웅이 많은데 사주의 명국이 특출하게 좋아야 한다. 대개는 배우자 자녀등과 이별하고 고독과 불행을 만난다. 운신(運身)에 극히 주의를 요한다.

27 수 : 대인격(大人格) - 중절운(中折運)

바위 위로 말을 달리는 형상으로 노력하는 기상이 대단하여 큰 성공을 하여 부귀와 공명이 겸전되는 수로 강한 기운을 가진 수이다.

그러나 과유불급(過猶不及)이라 너무 강하여 성공한 듯 보였는데, 결국에는 실패와 좌절로 가정도 잃고 형액에 빠지거나 변사한다.

28 수 : 조난격(遭難格) - 파란운(波瀾運)

광풍이 촛불을 흔드는 격으로 부모 덕도 없고 인덕이 없으며 매사에 막힘이 많다. 일시적으로 성공하기도 하는데, 오래 지속하지 못하고 실패하여 재난과 상해를 당한다.

부부와 골육과의 이별로 가정이 적막하다.

29 수 : 성공격(成功格) - 풍재운(豊才運)

구름은 용을 따르고 바람은 범을 따르는 격이니 지모와 용맹함이 뛰어나고 왕성한 활동력으로 큰 사업을 일구어 크게 성공 한다.

가정 운과 재물 운도 좋으나 마음속에 항상 현실에 대한 불평과 불만이 내재되어 있어 마음에 심한 정신적인 갈등에 빠지기도 한다. 여자는 고독한 수리이다.

30 수 : 불측격(不測格) - 부침운(浮沈運)

한겨울 추위에 물고기가 여울에 오른 격으로 많은 파란이 있으며, 예상치 못한 재난과 풍파로 인생사 전반에 부침(浮沈)이 심한 수이다.

투기심이 강하고 재주가 뛰어나서 성공도 하고 실패도 하는 예측하기 어려운 면도 있으나 결국 실패한다. 단 사주가 좋으면 어렵게 성공하기도 한다.

31 수 : 세찰격(世察格) - 흥가운(興家運)

세상일의 흥망지기를 세밀히 살피면서 견실한 의지로 대업을 이루어 가정도 원만하고 주위로부터 존경과 신망을 얻는다.

이 수는 지도자로서의 위치를 확립하게 하는 묘한 기운이 있고, 또 학문과 예술에서도 크게 발전하는 기운을 가져오는 아주 좋은 길(吉) 수이다.

여성도 재덕(才德)을 겸비하는 좋은 수이다.

32 수 : 순풍격(順風格) - 왕성운(旺盛運)

순풍에 돛단배 격으로 때를 만나면 의외로 생재(生財)하여 성공하는데, 가장 큰 요인은 많은 사람들의 후원과 성원이 각별하기 때문이다. 어느 분야에서나 성공하며 가정이 화평하고 만사형통(萬事亨通)한다.

단 호사다마라 중간중간에 흉운(凶運)이 올 수도 있으니 항상 자중한다.

33 수 : 등룡격(登龍格) - 융성운(隆盛運)

메마른 싹이 비를 만난 격으로 운기가 오르는 형상이다. 매사에 과단성 있게 처리하는 능력이 뛰어나며, 남을 이끄는 통솔력 또한 뛰어나서 특이하게 두각을 나타내는 두령(頭領)의 운세이다.

단 지나치게 강한 운세로 오히려 극쇠(極衰)를 불러올 수도 있으니 주의를 요한다.

선천운과 조화를 이루면 좋고 여자는 비참하고 고독한 운이다.

34 수 : 변란격(變亂格) - 파멸운(破滅運)

물고기가 강하에서 뛰는 격이니 파멸을 자초한다. 불의의 재난이 속출하고 예상치 않은 환란으로 비통한 지경에 이른다. 또한 재난과 불행이 한 번에 끝나지 않고 계속되면서 비참한 고통 속으로 내몬다.

사주에서 보완해 주는 기운이 없다면 자녀 사별, 배우자 사별 등으로 패가망신하는 수이다.

35 수 : 태평격(泰平格) - 안강운(安康運)

일그러진 달이 다시 망월(望月)이 되었으니 매사가 쉽게 풀리고 기술 실업으로 의외로 대성하여 크게 성공을 거두며 행복한 생을 살며 부귀공명으로 장수하는 대길의 수이다.

감성이 풍부해 사주의 구성과 조금이라도 어울리면 문예나 예능 쪽으로 크게 성공한다.

여성에게도 현모양처의 운기를 포함하고 있는 좋은 수이다.

36 수 : 영웅격(英雄格) - 파란운(波瀾運)

마른 우물이 비를 만난 격으로 잠시 운이 좋아져서 운세가 좋아지기도 하나, 오래가지 못하고 파란에 직면하여 고생한다.

의협심과 정의로움, 또 남을 배려하는 마음 등은 가히 영웅의 기질이 충분하지만 파란만장한 운명의 소용돌이는 결국 나락으로 빠뜨리는 결과가 된다.

흥망이 공존하는 수로 인생무상(人生無常)을 느끼게 하는 수이다.

37 수 : 정치격(政治格) - 출세운(出世運)

봄날에 복숭아 동산에 들어간 격으로 만사가 평안, 화창하고 어떤 일에 직면하면 조력자가 많이 생겨서 쉽게 대지대업을 이룬다.

관운(官運)과 재운이 좋으며 또한 명예운(名譽運)도 좋아 풍요로운 삶을 살아가며 부부 해로하며 자손이 번창한다.

38 수 : 문예격(文藝格) - 평범운(平凡運)

비단옷을 입고 진흙과 탄가루 속에 빠진 형상으로 큰일을 성취하기가 어렵고, 남들에게 신임을 받지 못하고 유약한 성품으로 인해, 대중을 통솔하는 두령으로서의 자질이 부족하다.

일반적으로 평범하고 나약한 성품이지만 의외로 문학, 기술, 예술 방면에서는 탁월하게 두각을 나타내며 대성한다.

39 수 : 장성격(將星格) - 지휘운(指揮運)

표범이 호랑이로 된 격이니 호령 하나로 만인을 통솔하는 재략(才略)과 권위가 충만한 장수의 기상을 담은 수이다.

많은 사람들의 신망을 얻어 출세하여 재물도 풍부하고 권세가 하늘을 찌를 듯이 기세등등한 삶을 살아가나, 대길은 대흉에 이를 수도 있으므로 흉운이 들어오면 감당하지 못할 나락으로 빠질 수도 있다. 여자는 과부가 되기 쉽다.

40 수 : 변화격(變化格) - 공허운(空虛運)

작은 배가 파도 속으로 빠져들어 갔으니 위험을 안고 있다. 지략도 풍부하고 담력도 뛰어나지만 덕망이 부족하고 성정이 불손하여 남들과 화합하지 못하고 비난을 받으며 실패한다.

차 한 잔으로 떠나는 작명 여행

혹 조금의 진전이 있어 성공했다 싶으면 어려움이 생기고 고난으로 빠지니 나서지 말고 물러나 있으면 고통을 조금은 덜 수 있다. 비명 횡액을 조심해야 한다.

41 수 : 고명격(高名格) - 제중운(濟衆運)

큰 가뭄에 단비가 내리는 형상으로 고난이 물러나고 대지대업을 성취하여 이름을 사방에 떨치는 아주 길한 수 중의 하나이다.

담력과 지모가 출중하고 유순하며 덕망이 있어 만인의 존경과 덕망이 두텁다. 또 부부의 정이 돈독하고 영특한 자손을 둔다.

42 수 : 신고격(辛苦格) - 수난운(受難運)

눈 속에 외로운 소나무 하나가 적막하고 외롭다. 그러나 재능과 지혜가 뛰어나 박학달통(博學達通)의 경지에 올라 세상사에 통달하여 다방면에 재주를 뽐낸다.

이것저것 다 능통하여 다 성공할 것 같으나 결국 한 가지도 성공하지 못하니, 한 가지에만 몰두하여 매진하는 지혜가 필요하다.

항상 자녀로 탄식하고 질병으로 신음한다.

43 수 : 성쇠격(盛衰格) - 산재운(散財運)

우물 속에 앉아 하늘을 보는 격이니 큰 세상을 보는 시야가 좁다, 따라서 낡고 잘못된 습관이나 폐단을 벗어 버리려는 의지가 부족하고 눈앞의 안일만을 취하는 경향이 있다.

재능과 지혜도 출중한 편인데 의지력이 부족하고 일의 진행을 제대로 하지 못해 성공한 것 같은데 결국은 실패한다.

44 수 : 침마격(侵魔格) - 파멸운(破滅運)

불나비가 불 속으로 뛰어든 격이니 패가망신하고 불구에 발광(發狂)하며 몰락하는 대흉수이다. 인덕이 없어 하는 일마다 막힘이 따르고 삶의 의욕을 잃을 정도로 고난의 연속이다.

가족과의 생리사별이 있으며 비운, 참담, 파괴, 발광 등을 암시하는 수이다. 단 사주와 조화를 이루었을 때 간혹 괴걸, 효자, 열부, 대발명가 등이 나오기도 한다.

45 수 : 대각격(大覺格) - 현달운(顯達運)

순풍에 돛을 달고 나가는 형상으로 경륜과 지략을 겸비하여 많은 난관을 극복하여 크게 성공하여 부귀 번영이 극에 이른다. 사방에 귀인들이 많아 매사 도움을 받아 사업에 성공하며, 자손이 창성하고 가족이 평안하다.

단 사주와 어울리지 못할 경우 조난(遭難)이 생길 수도 있다.

46 수 : 미운격(未運格) - 비수운(悲愁運)

여름 부채가 불을 만난 격이니 매사가 때가 맞지 않아 하는 일마다 실패와 좌절을 경험한다. 여러 가지 액운(厄運)으로 일생을 고독하게 보내는데 병난과 고독과 단명의 화(禍)를 만나기도 한다.

그러나 일종의 변칙적인 운기도 있어 신나게 고생한 후 극적으로 대성공을 하는 경우도 있다. 물론 사주와 부합되었을 때이다.

차 한 잔으로 떠나는 작명 여행

47 수 : 출세격(出世格) - 득시운(得時運)

용이 여의주를 얻은 격이니 매사가 뜻대로 번창한다. 재운이 왕성하며 학문으로도 성공할 수 있는 좋은 수이다. 인덕이 있어 사업적으로도 성공하고 또 배우자의 덕도 있어 가정적으로 화평하고 자손도 창성한다.

단 큰 성공을 했을 때 너무 무리하게 돌진하면 오히려 손해를 보니 자중하는 지혜가 필요하다.

48 수 : 제중격(濟衆格) - 영달운(榮達運)

물 반, 고기 반의 낚시터에 낚시를 던진 형상으로 결실이 순조로우며 사람 자체의 지략도 출중하고 덕망이 높아, 이름이 사방에 퍼지고 지위도 높아지는, 부귀를 겸한 좋은 수이다.

특히 다른 사람이나 단체의 고문이나 상담역으로도 위엄과 권위를 가지는데, 천성이 영민하고 유덕한 소치이기도 하다.

49 수 : 변화격(變化格) - 성패운(成敗運)

호랑이가 아무것도 없는 황량한 산으로 들어간 격이니 신고(辛苦)가 막심하다. 길과 흉이 종이 한 장 차이라고 하는 인생의 묘한 진리를 되새기게 하는 수리인데, 길할 때는 대길로 이르고 흉할 때는 대흉으로 치닫는 극단의 수이기도 하다.

대흉은 대길에 이를 수 있고, 대길은 대흉에 이를 수 있는 역(易)의 이치처럼 대흉 속에서 대길을 구하기도 하지만, 이때 는 사주와의 좋은 배합이 필요하다. 대체로 흉의 수이다.

50 수 : 상반격(相半格) - 길흉운(吉凶運)

가을 기러기가 짝을 잃은 격으로 고독과 빈한(貧寒)으로 말년이 외롭다.

초운에는 5수의 덕으로 한 번은 크게 성공하여 부자로 행세하지만, 말년으로 갈수록 운의 하강 곡선이 빨라져서 결국은 실패하여 가정도 파멸에 이르게 하는 나쁜 수이다. 만약 나쁜 운을 중복(中腹)해서 만나면 다른 사람보다 더욱더 빠르게 큰 재해에 직면하기도 한다.

51 수 : 길흉격(吉凶格) - 성패운(盛敗運)

뜬 구름이 달을 가린 형상으로 한 번은 성(盛)하고 한 번은 쇠(衰)하는 운기를 맞이하는데 특히 중년 이후에 부침(浮沈)이 심하다. 따라서 초년에 성공(成功)을 하여 이름을 날릴 때 특히 자기 관리에 소홀함이 없어야 한다.

철저한 자기 관리가 되지 않으면 대체로 중년 이후 고생하여 곤궁한 생활을 벗어나지 못한다.

52 수 : 승룡격(昇龍格) - 시승운(時乘運)

문 앞에 차(車)가 가득한 형상으로 많은 사람들에게 칭송을 받는 위치에 오른다. 선견지명이 있고 시세를 살피는 안목이 뛰어나서 때로는 어려움으로 고통이 있었지만 결국에는 대지대업을 관철시키는 운기를 만드는 수이다.

요컨대 선견지명으로 성공하여 부귀영화를 누리는 좋은 수 다.

차 한 잔으로 떠나는 작명 여행

53 수 : 내허격(內虛格) - 반길운(半吉運)

초승달이 다시 일그러진 격이니 외견으로는 유복한 것처럼 보이나 내용적으로는 빈한하고 재앙과 복록이 서로 보이며 결국에는 실패하는 운기이다.

전반생이 행복하면 후반생이 불행으로, 전반생이 불행하면 후반생이 행복할 수도 있는데 이때는 사주의 구성이 좋아야 한다.

54 수 : 무공격(無功格) - 패가운(敗家運)

비바람 세차게 불고 뇌성 치는데 핀 진달래꽃이라 곧 커다란 흉화(凶禍)에 휩싸여 집이 파괴되고 걸인의 신세가 된다.

부모의 덕이 없고 일시의 행복은 누릴 수 있으나 중도에 좌절하여 실패가 거듭된다. 궁극에는 부부가 이별하고 질병과 고독 등의 풍파가 따른다.

55 수 : 미달격(未達格) - 불안운(不安運)

평탄한 길에 들어갔으니 표면은 번성하게 보이고 풍족한 것 같으나 내용은 아직 확실치 않아 안심할 수가 없다.

길흉이 상반되는 형상으로 삼재(三才)의 배치가 좋으면 대성하지만 삼재의 배치가 나쁠 때에는 매우 흉하여 재화(災禍)가 거듭된다. 꾸준한 인내력으로 참고 견디는 지혜가 필요하다.

56 수 : 한탄격(恨歎格) - 패망운(敗亡運)

바위 끝에 말을 놓아둔 격으로 진취의 기상이 부족하고 손실, 망신 등의 재액(災厄)을 내포하고 있다. 즉 실행하려는 용기와 의지가 부족하여 연거푸 흉한 운기를 맞이하는데 정력 부족이 원인이다.

특히 말년의 운세가 더욱 나빠지니 평소 스스로를 단련하는 훈련이 필요하다.

57 수 : 봉시격(逢時格) - 강성운(剛盛運)

구름이 흩어지고 달이 솟아오르는 격이니 한 번 큰 어려움을 당하여 곤경에 처한 후에 비로소 경사를 누리는 수이다.

천성이 굳세고 강건하여 타고난 행복을 누리며 생에 한 번의 위기를 넘기고 나면 말년으로 갈수록 경사와 번영을 달성하는 좋은 수이다.

58 수 : 선곤격(先困格) - 후복운(後福運)

땔감 주우려다 호랑이를 만난 격으로 재앙과 손재로 큰 실패와 좌절에 빠지지만 곧 일어나기도 한다.

평생 운기의 부침(浮沈)이 심해 실패와 성공을 오락가락하는데 스스로의 자중함이 반드시 필요하다.

대체로 말년에는 행복과 경사를 누리는 수이다.

59 수 : 재화격(災禍格) - 불성운(不成運)

외로운 소나무에 학이 깃든 격으로 외로움과 고고(孤苦)함이 중복되어 매사에 성공보다는 실패가 많다.

대업을 성사시킬 재능이 있더라도 결국에는 결실을 보지 못하고 파산으로 역경과 고통으로 몰아가는 흉한 수이다.

60 수 : 동요격(動搖格) - 재난운(災難運)

배위에서 말을 탄 격으로 계산 없이 도모하다가 한 번도 성취함이 없이 실패와 고통, 슬픔으로 형액, 살상, 병난 등으로 단명하기도 한다.

캄캄하고 어두워 나갈 길을 찾지 못하니 우왕좌왕 동요하여 재난을 당하는데 심할 경우 불구나 단명으로 이어진다.

61 수 : 이지격(理智格) - 재리운(財利運)

넓은 사거리에서 말을 채찍질하는 형상으로 기상이 뛰어나고 강인한 재능 또한 겸하여 명예와 재물을 두루 얻는다.

부부가 해로하고 가정이 평안하다. 단 기상이 지나치게 뛰어나 불손하고 오만함 때문에 주위와 화합하지 못하여 실패할 수도 있으니 주의를 요한다.

62 수 : 화락격(花落格) - 쇠퇴운(衰退運)

놀란 물고기가 마름을 의지하여 숨어 있는 형상으로 불시에 재액이 날아올 수도 있으며 심신이 고달프다.

스스로 의심을 잘 하고 의지가 약해 큰일을 성취하기가 어렵고 불시에 재난을 만나 비운에 처하기도 한다. 부부가 불화하고 병고 등 풍파가 심하다.

63 수 : 순성격(順成格) - 발전운(發展運)

금 쟁반에 과일이 수북이 쌓인 형상으로 자손이 창성하며 일신도 무탈하여 복이 많다.

살다 보면 누구나 한번쯤은 재난에 봉착하기도 하는데 그때마다 귀인의 도움으로 곤란을 벗어나고 결국은 성공(成功)한다. 부귀와 영화가 자손까지 이어진다.

64 수 : 봉상격(逢霜格) - 쇠멸운(衰滅運)

얼음물 위로 배가 가고 있으니 춥고 또한 심신이 고달프다. 부침(浮沈)과 파괴, 멸망의 흉조가 심해 결국에는 재난을 만나 일가가 이산되고 비명횡사할 수 있다.

운이 좋아 다행히 비명횡사(非命橫死)는 면한다 해도 생애 전반에 안정을 얻기 어려운 수이다.

65 수 : 휘양격(輝陽格) - 흥가운(興家運)

화원에 대자리를 깔고 연회석을 만들었으니 성운(晟運)으로 집안이 융성하고 만사가 순조롭게 발전하는 아주 좋은 길상이다.

만사가 마음먹은 대로 이루어지며 평생 고생은 해 보지 않고 유복한 생활을 영위하는데 장수하며 번영한다.

66 수 : 암야격(暗夜格) - 실등운(失燈運)

물을 거슬러서 배가 가고 있으니 진퇴가 자유롭지 못하고 내외 불화하며 많은 어려움에 직면한다.

손실과 재난이 연이어 오므로 결국에는 내 몸과 가정을 파괴(破壞)한다. 재난과 병고로 단명하며 일생에 평안을 얻지 못한다.

67 수 : 천복격(天福格) - 영달운(榮達運)

대나무를 심어 대숲을 이루었으니 만사가 순조롭고 막힘이 없다. 한때 실패가 있어도 곧 일어나 성공하여 큰 업적을 남긴다.

부부가 화목하며 자손도 번성하고 평생 안락하며 장수한다.

68 수 : 명지격(明智格) - 발명운(發明運)

가뭄이 들어 바싹 마른 들판이 비를 만났으니 감로수라 좋은 운기의 시작이다.

지혜로운 사고(思考)와 근면함으로 대중에게 신망을 받아 명예도 얻고 사업도 성공한다. 특히 발명에 조예가 깊어 많은 연구를 한다.

69 수 : 종말격(終末格) - 정지운(停止運)

망가진 그물로 고기를 잡으려 하니 어렵고 궁핍(窮乏)하여 역경에 이르는 운세이다.

정신의 발달이 결여되고 재난이나 질병의 흉운으로 단명할 수 있으며 일정한 직업이 없다. 가정도 이산되고 고독한 생을 보낸다.

70 수 : 공허격(空虛格) - 암야운(暗夜運)

늙은 쥐가 자기가 최소한으로 살 구멍까지 잃었으니 공허하고 적막함이 극에 다다랐다.

고독, 불구, 단명, 이별, 액난 등의 암시가 있으며 세상에서 쓸 수 없는 폐인(廢人)이다. 시작은 있으나 끝이 없는 인생길을 간다.

71 수 : 현룡격(見龍格) - 발전운(發展運)

우뢰 치는데 길 떠나는 격으로 성공하려는 의지는 강하나, 처음에는 고생이 많고 성공에 많은 어려움이 따른다.

그러나 나중에는 덕망과 능력을 인정받아 하는 일마다 성공을 하는데 이는 천운(天運)이 따랐기 때문이다.

72 수 : 상반격(相半格) - 후곤운(後困運)

근사하게 우물을 팠는데 물이 없는 격이니 외부내빈(外富內貧)의 형상이다. 즉 겉은 번지르르하니 좋으나 속은 말라 버린 상태이니 말년이 고달프다.

사주의 구성이 좋으면 길과 흉이 반반으로 말년의 비운을 좀 줄일 수는 있으나 대체로 흉하다.

73 수 : 평길격(平吉格) - 안과운(安過運)

깊은 골짜기에 꽃을 심었으니 지기(志氣)는 고상하고 감성은 풍부하나, 실천력과 강력한 의지가 부족하여 세상살이에는 미숙하다. 그러나 초반은 고생을 하여도 후반으로 갈수록 평범한 성공은 할 수 있다.

길흉이 상반되는 운이다.

74 수 : 우매격(愚昧格) - 불우운(不遇運)

남의 집 대문에 입을 매단 격이니 무위도식하는 걸인의 명이며, 세상 사람들의 조소를 받으면서 나름대로는 노력을 했지만 결과가 없이 일생을 고생만하는 불운의 수이다.

살아도 죽은 것과 같은 일생을 보낸다.

75 수 : 적시격(適時格) - 평화운(平和運)

파도 속으로 배가 가는 형상으로 다소 위험은 있으나 조심조심하면서 나아간다면 실패는 없다. 따라서 부귀영화는 자연이 따라오는데 좋은 시기를 살피는 지혜가 필요하다.

항상 준비하고 계획하여 실행하는 자세를 가져야 한다.

76 수 : 선곤격(先困格) - 후성운(後盛運)

용이 말꼬리에 의지해 삶을 도모하니 망신스럽고 명예는 더럽혀졌으니 신세가 처량하다. 내외가 불화하고 사업 실패, 병난, 고독 등의 우환이 겹쳐 전반부에는 고생한다.

그러나 인생 후반부에는 다소 안정을 찾아, 지난날을 추억하는 여유가 생기기도 하지만 대체적으로 나쁘다.

77 수 : 전후격(前後格) - 길흉운(吉凶運)

달이 그믐 속으로 들어간 형상으로 자력으로 빛을 찾기가 어렵다, 따라서 윗사람의 조력으로 성공을 하지만 그 성공이 오래가지 못한다.

흉중에 길도 있어 반평생이 길하면 또 반평생은 흉하니 좋은 운이 왔을 때 자중, 자애함이 좋다.

78 수 : 선길격(先吉格) - 평복운(平福運)

꿈속에 보물을 얻었으니 귀한 듯하나 봄꿈이라 허사로다. 초년에는 부귀를 얻으나 중년 이후 어려움을 겪는다. 경제적 고통과 대인관계에서 항상 갈등이 생기고 부부 관계도 흉하다.

매사 자중함이 요구되는 수이다.

79 수 : 종극격(終極格) - 종말운(終末運)

물고기가 도마에 오른 격이니 죽기 일보 직전의 고통으로 역경 속을 헤매는 신세가 된다.

도덕심이 부족하고 남에 대한 배려와 이해하려는 덕성이 모자라고 성정이 난폭하다. 스스로가 역경을 자초하여 일생 뒤안길의 인생을 산다.

80 수 : 종결격(終結格) - 종지운(終止運)

못의 고기가 그물에 갇힌 격이니 일생 파란이 중첩되고 풍파가 끊이지 않는다.

부부는 한 집에 살아도 남남과 같으며 병재(病災), 빈곤, 단명 등의 흉운이 연속된다. 은둔생활을 하면 다소 액을 면할 수 있다.

81 수 : 환원격(還元格) - 갱희운(更喜運)

수리를 구분하는 맨 끝의 수로서 다시 1로 환원하는 기분 좋은 수이다.

못 안에 갇혀 있던 고기가 마침내 큰 바다로 나가니 크게 발전하고 부귀한다.

대체로 1 수와 동일하며 여러 가지에서 성공하여 존경과 신망을 받는 일생(一生)을 보낸다.

홀수와 짝수

1, 3, 5, 7 등의 홀수는 예로부터 양수(陽數)로 신(神)이나 하늘과 뜻이 통하는 성공한 수로 여겨 왔고, 2, 4, 6, 8 등의 짝수는 땅이나 어둠, 귀신 등을 의미하며 음수(陰數)로서 악마의 수로 인식되어 왔다.

옛날에는 아들 선호사상이 사회 전반에 만연해 있었기 때문에, 아들이 없는 여인네들은 아들을 낳기 위해 여러 가지 민간에 전해 오는 비방(祕方)들을 총동원하여 거의 필사적으로 매달리기도 했다.

그중에 남성이나 여성의 성기를 닮은 바위에 치성(致誠)을 드리는 의식이 있었는데, 좋은 날을 택일(擇日)하여 목욕재계 하고 쌀 1되로 밥을 짓고, 건명태 한 마리, 무명 3자나 5자 그리고 실 한 타래를 준비한다.

밥을 지을 쌀을 씻을 때도 꼭 7번이나 9번을 씻고, 무명도 3자나 5자나 더 많이 준비를 해도 9자 11자처럼 꼭 홀수의 치수를 사용했다. 밥이 다 되면 준비한 실 한 타래를 밥 위에 얹고, 한 끝은 바위에 또 한 끝은 자신의 하복부에 붙이고 아들을 점지해 달라면서 간절히 기도를 한다.

요즈음은 아파트에 방 2개나 4개짜리도 있고 해서 홀과 짝의 개념이 없지만 옛날의 경우에는 집을 지을 때, 물론 풍수(風水)의 원칙에 맞추어 산세도 보고, 집터의 고저(高低)나 햇볕이 드는 방향 등을 고려하지만, 칸수에서는 3, 5, 7, 9칸 등 철저히 홀수로 하였다.

칸수뿐만 아니라 기둥 수, 기둥 간격, 벽과 벽 사이 간격, 심지어 문짝의 수까지 홀수로 하였는데 짝수를 귀신이나 악마의 수로 보았기 때문이었다.

동양에서는 홀수 중에서도 3과 9를 제일 중시하였는데 그것은 3이라는 수가 홀수의 가장 근원이 된다는 믿음이 있었기 때문이었다. 그리고 그 근원이 발전하여 3배수가 되는 9를 가장 이상적인 변화로 보았기에 또 9를 중시한 것이다.

묘한 것은 귀신의 수로 보는 짝수 중에서 중국에서는 4와 8을 중시한다는 사실이다. 특히 8(八)은 밑으로 퍼져 나가는 발전의 모습을 보이는 것과, 방향을 나타내고 우주를 나타내는 4의 완성형이라는 점에서 선호도가 높다. 그래서 전화번호, 집의 호수, 기념일 같은 것에 무조건 8을 넣는 등 가히 병적으로 좋아한다.

『주역(周易)』은 8괘(卦)를 기본으로 서로 교차하여 64괘를 만들어 우주와 인생의 모든 것을 표현하고 있는데, 이 8괘에 대한 이해 없이는 동양문화의 접근은 도저히 불가능하다.

이토록 짝수, 홀수라고 하는 숫자의 개념은 우리의 삶과 매우 밀접한 관계에 있는데도 우리는 그냥 무심코 보아 넘기고 있다.

홀수가 양수이면서 남자의 수이고 짝수는 음수로 여자의 수라는 단순한 인식에서 떠나, 조금은 다른 관점에서 숫자를 보는 것도 일상적인 사고(思考)의 한계에서 탈피하여, 잠깐의 명상에 잠겨 보는 계기가 되는 것은 아닐까?

차 한 잔으로 떠나는 작명 여행

얼마 전에 딸아이의 친구로부터 10살 먹은 남아(男兒)가 너무 덤벙대서 다치기를 잘하니, 주위에서 혹 이름이 나빠서 그럴 수가 있으니 개명(改名)을 해 보라고 말들을 하는데 어찌하면 좋은지 문의가 왔습니다.

그래서 사주와 이름을 받아서 감정을 해 보니 수리(數理)도 맞고 글자의 의미도 좋아서 이름으로서 별 문제가 없었습니다. 병화(丙火) 일간(日干)에 목토(木土)로 이루어진 종격(從格)의 사주인데, 이름자에도 결국 불을 의미하는 글자가 들어가 이름과 사주가 종격으로 일체가 되는 이름이었습니다.

작명(作名)을 한 사람이 많은 고심을 하면서 지은 흔적이 엿보이는 이름인데, 여기서 문제점은 이 아이의 대운(大運)이 수운(水運)을 타고 있다는 것입니다.

억부법(抑扶法)으로 보는 내격(內格) 사주는 용신(用神) 잡기도 쉬워서 용신에 맞는 글자를 취용해서 작명을 하면 되지만 외격(外格) 계통의 종격 사주는 사실 어렵지요. 종격 사주라고 해도 100% 종격의 조건을 갖추기도 어렵고, 또한 대운과 소운을 만나면서 자연히 사주가 종(從)하는 오행과 충돌하게 되는데 이것은 나중에 큰 문제가 됩니다.

그래서 여기저기 다니다 보면 여기서는 좋다 하는데, 다른 곳에서는 나쁘다 하니 부모 마음이 갈팡질팡 애가 타게 됩니다.

그렇다면 왜 이런 일이 생기는 걸까요?

그것은 결국 사주를 보는 눈이 제각각 달라 용신을 다르게 보기 때문입니다.

과학과 달리 변화무쌍한 운명을 예측하는 사주학은 일생의 흐름을 대체적으로 유추하는 학문인데, 인간의 끈질기고 피나는 노력 앞에서는 사주도 비켜갈 수 있기 때문에 이름에서 용신의 적용이 그다지 문제가 되지 않을 수도 있습니다.

이처럼 용신의 적용이 애매할 때, 당사자의 어느 부분을 중점으로 판단하여 작명을 하면 그 사주에 맞는 이름이 되는 것일까 하는 문제에 직면하게 됩니다.

그래서 필자는 작명을 하면서 용신에 앞서 사주 당사자의 성정(性情)에 가장 먼저 초점을 맞추게 되었습니다. 성정(性情)을 구분할 때 60갑자의 60개의 분류와 12띠의 대체적인 특성을 살폈고, 보조적으로 형격(亨格)에서 말하는 1에서 10까지의 숫자에 대한 개념(概念)을 더했습니다.

우연한 계기로 30여 년 전에 역술(易術)과 인연을 맺은 필자는 본래 학식이 부족한 탓으로 감히 책을 내는 것은 상상도 못했습니다. 그러다가 주위 지인들의 권유가 있었고 또 얄팍한 식견(識見)이지만, 그동안 경험한 기록들을 후학들에게 소개하는 것도 결코 나쁘지는 않을 것 같아 감히 졸저(拙著)를 내게 되었습니다.

교정과 디자인에 큰 도움을 주신 좋은땅 편집팀에 감사를 드립니다.

선학(先學)들의 많은 자료들을 참고하였고 다시 다음 자료들을 참고하였습니다.

1. 노웅근, 『좋은 이름의 비밀』, 안암문화사, 2016.

2. 신원규, 『우리들의 수의 인식』, 글내음, 1991.

3. 이종환, 『십이지신 이야기』, 신양사, 1990.

4. 한정섭, 『한국인의 민속신앙』, 이화문화사, 1996.

5. 야마시다 야스코, 『數祕術』, 說話社, 2004.